Manual Bilingüe de Correspondencia y Comunicación Comercial

Bilingual Handbook of Business Correspondence and Communication

Otros títulos en la serie

Italiano/inglés – inglés/italiano
Alemán/inglés – inglés/alemán
Francés/inglés – inglés/francés

Other titles currently available in this series

Italian/English – English/Italian
German/English – English/German
French/English – English/French

Manual Bilingüe de Correspondencia y Comunicación Comercial

ESPAÑOL · INGLES

Bilingual Handbook of Business Correspondence and Communication

ENGLISH · SPANISH

Susan Davies · Mary O'Neill Fleming Camprubí · Gabriela Jones

PRENTICE HALL INTERNATIONAL

First published 1989 by
Prentice Hall International (UK) Ltd,
66 Wood Lane End, Hemel Hempstead,
Hertfordshire, HP2 4RG
A division of
Simon & Schuster International Group

Printed and bound in Great Britain by
BPCC Wheatons Ltd, Exeter.

Library of Congress Cataloging-in-Publication Data

Davies, Susan, 1946-
Manual bilingüe de correspondencia y comunicación comercial : español, inglés = Bilingual hand book of business correspondence and communication : English, Spanish / Susan Davies, Mary O'Neill Fleming Camprubí.
p. cm.
Includes index.
ISBN 0-13-079575-5
1. Commercial correspondence – Handbooks, manuals, etc.
2. Commercial correspondence, Spanish – Handbooks, manuals, etc.
3. English language – Business English – Handbooks, manuals, etc.
4. Spanish language – Business Spanish – Handbooks, manuals, etc.
I. Camprubí, Mary O'Neill Fleming. II. Title.
III. Title: Bilingual handbook of business correspondence and communication.
HF5725.D38 1989
808'.066651 – dc19 88-32322

British Library Cataloguing in Publication Data

Davies, Susan
Manual bilinguë de correspondencia y comunicación comercial: Español – inglés.
1. English language. Business English. For non-English speaking secretaries 2. Spanish language. Business Spanish I. Title
II. Camprubí, Mary O'Neill Fleming
808'06665'1021

ISBN 0-13-079557-5

This edition ISBN 0-13-093535-2
2 3 4 5 93 92 91 90

LISTA DE MATERIAS/CONTENTS

Organization of the book

This book is divided into two halves with each half split into three main sections (A, B, and C). The first half of the book is aimed principally at the Spanish-speaking user whose target foreign language is English. The second half is aimed principally at the English-speaking user whose target foreign language is Spanish. The bilingual contents on page v provide an overview of the contents of the whole book.

Each half starts with its own contents page which indexes all the items covered in that half. Each item is clearly numbered and can be found easily by reference to the heading at the top of each page and by page number.

The English-speaking user should turn to page 119 for the contents of the second half of the book. Sections A, B, and C provide information on Spanish commercial correspondence, business communication in Spanish, and Spanish business practice and general culture. This half of the book contains numerous model business letters, telexes and useful phrases in Spanish. All instructions and explanations are in English.

For ease of cross-reference the numbering system in each half of the book corresponds directly. The English-speaking user can therefore cross-refer the items in the second half of the book to the corresponding items in the first half of the book as these correlate directly. In the phrase section (A5–10), users can check the equivalent phrases in their own language in the first half of the book.

Example: First half (Spanish-speaking user):
Sección A 7.4.2 Instrucciones a un representante
Second half (English-speaking user):
Section A 7.4.2 Instructing an agent

There is a short Abbreviations section at the end of each half of the book.

Organización del libro

Este libro está dividido en dos partes, cada una de las cuales tiene 3 secciones, A, B y C. La primera parte es para españoles que deseen emplear el inglés. La segunda está destinada a ingleses que quieran utilizar el español. En el indice bilingüe de la página v está detallado el contenido del libro entero.

Cada una empieza con su propio índice detallando los puntos contenidos en ella. Cada punto lleva un número, que se encuentra fácilmente bajo el titulo de la página apropiada.

En la página 3 el hispanohablante verá lo que contiene la primera parte del libro. Las secciones A, B, y C le informarán sobre correspondencia comercial británica y norteamericana, comunicación y costumbres en el comercio, y cultura general. Todas las instrucciones y explicaciones están en español, y los ejemplos de cartas comerciales, telex y frases útiles, en inglés.

La numeración de la primera parte del libro corresponde exactamenta a la de la segunda, facilitando así las contrarreferencias.

En la sección de frases: A5 – 10, éstas se pueden comparar con la frase equivalente en la otra parte del libro.

Ejemplo: Primera parte (para usuarios españoles):
Sección A 7.4.2 Instrucciones a un representante
Segunda parte (para usuarios ingléses):
Section A 7.4.2 Instructing an agent

También va incluída una breve lista de abreviaturas al final de cada parte.

Acknowledgements

Prentice Hall Managing Editor: David W. Haines
Editorial/production development and supervision:
Apollo Publishing, Leeds, UK.

The Publishers would like to thank the many organizations and individuals who provided information and sample materials. Particular thanks to David Tye and Steven Constable, Leeds Chamber of Commerce and Industry, to the Department of European Business at Leeds Polytechnic, the Modern Languages Department of Leeds University, UK and to IMS Ltd, Barcelona.

Manual Bilingüe de Correspondencia y Comunicación Comercial

Español – Inglés

LISTA DE MATERIAS

Introducción

SECCION A CORRESPONDENCIA COMERCIAL

Primera parte Organización de la carta comercial

SECCION B COMUNICACIONES COMERCIALES

SECCION C INFORMACION CULTURAL Y COMERCIA

INTRODUCCION

Esta parte del libro está dividida en tres secciones:

SECCION A CORRESPONDENCIA COMERCIAL

Primera parte Organización de una carta

Esta parte trata del estilo y la presentación de las cartas comerciales modernas e incluye explicaciones sobre las diferentes partes de una carta comercial, tanto norteamericana como británica, descripción del estilo en la correspondencia comercial y nociones básicas de cómo plantear una carta. Se han incluído ejemplos en los casos en que éstos eran necesarios.

Segunda parte Frases hechas y expresiones frecuentes en la correspondencia comercial

En este apartado hay una serie de frases hechas y párrafos de cartas auténticas. Han sido elegidos como ejemplos del estilo comercial moderno, así como por su posible utilidad como fuente de referencia. Las diferentes frases están clasificadas según su tema.

SECCION B COMUNICACIONES COMERCIALES

Esta sección describe el uso del teléfono, telex, telegramas, telemensajes y fax en el Reino Unido, con ejemplos de cada uno de ellos.

SECCION C INFORMACION CULTURAL Y COMERCIAL

En esta sección hay una serie de datos de interés para quienes hagan viajes de negocios al Reino Unido. Facilita información general sobre el país, así como descripciones detalladas del sistema de transportes, horas de trabajo, servicios postales y telecomunicaciones. También hemos incluido un apartado sobre las costumbres y el comportamiento de los británicos. Aunque no conviene generalizar sobre estos temas, las indicaciones que al respecto se dan en este libro responden a comentarios hechos por muchos extranjeros al visitar Gran Bretaña. Es de esperar que sirvan de orientación a los visitantes que no conozcan las costumbres británicas.

Al final de este apartado hay una lista de fuentes de información que pueden ser útiles a los comerciantes que visiten Gran Bretaña.

Hemos hecho lo posible por que los datos sean correctos y esten al dia, pero el mundo de los negocios cambia tan rápidamente que es posible que algunos de ellos hayan cambiado desde la aparición de este libro.

SECCION A:
CORRESPONDENCIA COMERCIAL

Primera parte Organización de la carta comercial

1 Disposición de las cartas comerciales británicas

□ 1.1 El membrete

En las cartas comerciales, el membrete suele ir impreso. Este membrete lleva el nombre, dirección y teléfono del remitente, y puede incluir también los números de telex, fax y telecom, así como el número del VAT (la tasa británica para productos y servicios – ver Sección C, 1.5).

Ltd después del nombre de la empresa es la abreviatura de *Limited* (limitada) e indica que la compañía está formada por accionistas que, en caso de quiebra, se hacen responsables únicamente del capital invertido por cada uno de ellos. En caso de quiebra de una compañía de este tipo, los acreedores sólo tienen derecho a recuperar los bienes que pertenecen a la empresa en el momento de la quiebra. Las acciones no se venden al público.

PLC/plc es la abreviatura de *Públic Limited Company* (Compañía Publica Limitada), que indica que las acciones pueden venderse al público.

& Co. significa que la empresa es una asociación de dos o más personas. El número de socios puede ser limitado. En general, los nombres de los socios se incluyen en el membrete.

& Son (hijo), *Sons* (hijos) o *Bros* (hermanos) puede estar después del nombre de la compañía para indicar que el negocio pertenece a miembros de la misma familia.

La compañía puede pertenecer a un único dueño (comerciante independiente). En este caso no dirá nada después del nombre.

Board of Directors El nombre de los directores (los miembros de la Junta Directiva de la empresa) también puede aparecer en el membrete.

Addresses El membrete puede llevar las direcciones de las diferentes sedes de la empresa.

Registered number Es el número adjudicado a la empresa en el momento en que se registró. Habitualmente se imprime al pie de la hoja junto con el nombre del país o la ciudad en la que se registró.

A logo (logos) Es el emblema o la marca de la empresa.

1.2 Diferentes partes de la carta

1.2.1 Referencia

Los membretes impresos también suelen llevar: Your ref:
Our ref:

Una referencia puede constar de las iniciales del autor de la carta y las de la secretaria: PJD/SD; una referencia de archivo; el número de cuenta; el número de referencia del cliente, etc.

1.2.2 Fecha

Se escribe debajo de la referencia. No se debe abreviar, por ejemplo 1/9/99, ya que esto puede causar confusiones (ver Sección A 2.7.2). Debe escribirse: día, mes, año: 1 September 1999. Actualmente en inglés no es obligatorio escribir *st, nd, rd, th,* después del número.

1.2.3 Nombre y dirección del destinatario en la carta

Comience un renglón con cada uno de los puntos siguientes:

Título + iniciales o nombre propio + apellidos + títulos	Mr J A Pickard BA (Hons)
Posición en la compañía	Product Manager
Nombre de la compañía	International Bank
Nombre del edificio	Telstar House
Número + calle/avenida etc.	132–3 Arlington Road
Nombre de la ciudad o pueblo	Tonbridge
Condado y distrito postal	Kent TN9 1AA

No abreviar nada en una dirección escrita en la carta.
Póngase: *Road* en lugar de *Rd.*
Street en lugar de *St.*
Avenue en lugar de *Ave.*

1.2.4 Títulos

Si se conoce el nombre del destinatario, se incluye el título:

Mr – para un señor	Mr M C Graham
Miss – para una señorita	Miss Jane Seath
Mrs – para una señora	Mrs Margaret West
Ms – para una mujer cuyo estado civil no se conoce o no es importante	Ms A C Monk
Messrs – para dos o más hombres	Messrs Smith and Jones

Los títulos mencionados siempre se abrevian.

Otros títulos: Doctor, Professor, Captain, Major, Colonel, etc.
Iniciales: escribir todas las iniciales que aparezcan con el nombre: Mr J D Evans.
Si el nombre es único, escribirlo completo: Ms Susan McCartney.

Esq. (actualmente en desuso) se usa solamente para hombres, se escribe después del apellido y se omite el título: P Horner Esq.
Condecoraciones, medallas, órdenes y grados académicos: se escriben a continuación del nombre completo, comprobando su autenticidad y vigencia en la correspondencia previa.

También pueden comprobarse en los siguientes libros:

Burke's Peerage, Baronetage and Knightage
Debrett's Peerage and Titles of Courtesy
Kelly's Handbook to the Titled, Landed and Official Classes
Burke's Landed Gentry
Who's Who
Para obtener mas información sobre protocolo, consultar: The Protocol Office, Foreign and Commonwealth Office, King Charles Street, London SW1.

En general, las órdenes de Caballería o Títulos Nobiliarios se escriben delante del nombre, excepto en el caso en que el interesado posea un *VC* (Cruz de Victoria) o una *GC* (Cruz de George); las condecoraciones, los títulos universitarios (empezando por el de menor grado) y otros títulos no universitarios o profesionales, se escriben a continuación del nombre y en el orden mencionado.
Por ejemplo: Mr John Smith DSO OBE MP
Miss M S O'Callaghan BA Pip RSA FRSA

Si no sabe el nombre de la persona:
1. cite el cargo que ocupa en el trabajo: The Sales Manager, Public Relations Officer, etc.
2. cite el nombre del departamento: Accounts Department, Sales Department, etc.
3. cite simplemente el nombre de la empresa.

1.2.5 Formas de encabezamiento

Dear Sir	a un hombre cuyo nombre no se sabe
Dear Sirs	a una compañía
Dear Madam	a una mujer (soltera o casada) cuyo nombre no se sabe
Dear Sir or Madam	a una persona cuyo nombre o sexo no se conoce
Dear Mr Smith Dear Mrs Jones	a una persona cuyo nombre se conoce
	Nunca ponga iniciales en un saludo.

Poner siempre el nombre *y* el título: *Dear Doctor Lee* (nunca *Dear Doctor*).
Si la persona posee un título especial, hay ciertas convenciones a seguir en el saludo y la despedida, así como en el sobre. Estas reglas se explican de manera detallada en el libro *Titles and Forms of Address*. *Whitaker's Almanack* también incluye un apartado sobre formas de encabezamiento y saludo a personas de alto rango o título. Para el correcto comportamiento al organizar o asistir a

funciones de gala, igual que para conocer prioridades de invitados, distribución de puestos en la mesa, brindis, etc., ver *Debrett's Correct Form*.

1.2.6 Formas de despedida

Cuando la carta empiece	**debe acabar**
Dear Sir	Yours faithfully
Dear Sirs	
Dear Madam	
Dear Sir or Madam	
Cuando la carta empiece	**debe acabar**
Dear Mrs Jones	Yours sincerely
Dear Ms Ferguson	
Dear Dr Johnson	

1.2.7 Firma

El nombre del remitente se mecanografía bajo la firma, y en general se añade el título (si no lleva título el que firma generalmente es un hombre).

> Yours faithfully
> T. M. Jones
> T M Jones (Ms)

Bajo el nombre se pone el puesto del remitente en la empresa:

> Yours sincerely
> J. Davis
> J Davis
> Personnel Manager

A veces pp (también for and on behalf of/for) se usa para indicar que el que firma está legalmente autorizado a escribir en nombre de la compañía o a firmar por otra persona:

> Yours sincerely
> pp Blake Electronics plc
> P.E. Wright
> P E Wright (Ms)
> Chief Accountant

> Yours faithfully
> A. Stevens
> pp S Constable (Miss)
> Managing Director

En general, los nombres mecanografiados de los que firman se escriben exactamente igual a la firma, pero siempre sin el título. La firma es idiosincrática y puede incluir:

Uno o más nombres de pila John David Jones

El primer nombre de pila y las iniciales de los otros John D. Jones

Solamente las iniciales y el apellido J. D. Jones

Al contestar una carta se usa la firma mecanografiada como guía para el encabezamiento. Por ejemplo:

firma	**encabezamiento de la respuesta**
Yours sincerely Pamela Seath Pamela Seath (Ms)	Dear Ms Seath
Yours sincerely Rupert M Downey Rupert M Downey MD	Dear Dr Downey
Yours sincerely Ellen Mary Moore (Mrs) Ellen Mary Moore	Dear Mrs Moore
Yours sincerely P.R. Scott P R Scott	Dear Mr Scott

Nota: Por lo general, los hombres no ponen su título. Por lo tanto, cuando éste no aparece y solamente están las iniciales, el que firma es un hombre.

1.2.8 Otras características

Private and confidential (privado y confidencial) Se mecanografía en la carta debajo del nombre y la dirección (y también en el sobre). Algunas alternativas con apenas variación en el significado son: Confidential (confidencial), Private (privado) y Strictly Confidential (estrictamente confidencial).

cc (copias carbon) Se escribe al final de la carta para indicar a qué otras personas se les ha enviado copia de la misma carta.

enc o *encl (encs* en plural) se escribe al final de la carta para indicar que en el mismo sobre se incluyen otros documentos.

For the attention of (a la atención de) escrito después de la dirección – en el interior de la carta – se utiliza para indicar a quién va dirigida la carta. En el caso de utilizar esta fórmula, no es necesario repetir el nombre en la dirección interior.

1.2.9 Distribución y puntuación

Lo normal en las compañías comerciales es utilizar la llamada *open punctuation* (puntuación abierta), es decir, puntuar únicamente el cuerpo de la carta. Esto se utiliza también para las abreviaturas, que actualmente no necesitan llevar un punto al final.
Este tipo de puntación se utiliza sobre todo en las cartas en bloque, as decir, en las cartas totalmente alineadas al lado izquierdo.
El estilo de carta con primeros renglones sangrados, que actualmente se usa mucho menos, va siempre con puntuación completa.

Carta en bloque con puntuación abierta:

Carta con primeros renglones sangrados y puntuación total:

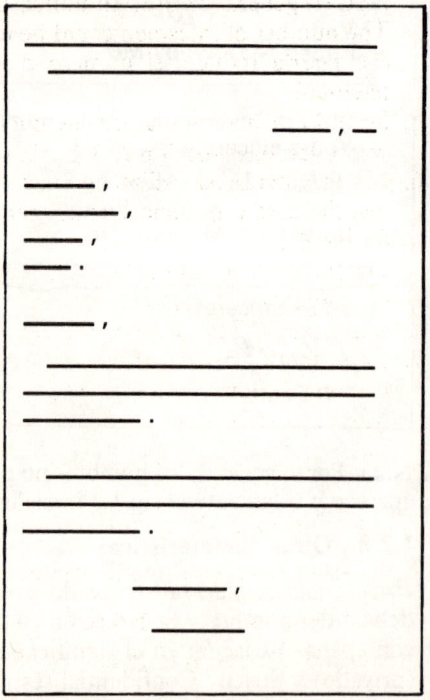

1.2.10 Mayúsculas

Las mayúsculas se conocen en inglés por varios nombres: capital letters, block letters, upper case, print.

1. La mayúscula inicial se utiliza para rango, títulos y profesiones cuando aparecen con el nombre de la persona: President Reagan (el Presidente Reagan), Reverend Thomas (el Reverendo Thomas), Doctor Williams (el Dr Williams).
2. Se usan también en los casos anteriores cuando no aparece el nombre de la persona pero se hace referencia a una persona específica: The Prime Minister will visit Spain next month (El Primer Ministro visitará España próximo mes viene).
3. No se usan, en cambio, cuando la referencia es generalizada: A new prime minister is elected every five years (Se elige primer ministro cada 5 años).
4. Para puestos de categoría dentro de una compañía también se usan las mayúsculas: I should be grateful if you would ask your Chief Engineer to inspect the machinery (Agradecería que su ingeniero en jefe revisara la maquinaria).
   Es de educación utilizar mayúsculas cuando se escribe a otras compañías: Following our meeting with your Products Manager (Basado en nuestra entrevista con su Gerente de Fábrica).
   pero en general se utilizan minúsculas:
   The number of salesmen could be reduced by more efficient use of the phone (Se podría reducir el número de vendedores usando más eficazmente el teléfono).
5. Se utilizan mayúsculas en las iniciales y abreviaturas: Mr T B Blake BA. (véase también sección A 3.1 y la sección de abreviaturas al final del libro.)
6. Las mayúsculas se utilizaban antes en todas las palabras de los encabezamientos, titulares y anuncios; actualmente es una práctica poco frecuente: *Micros for the Arts*.
   Los títulos de los libros llevan mayúsculas en todas aquellas palabras cargadas de significado (palabras como it, and, with, to, from, etc. no contienen significado): The State of the Nation.
7. La primera letra mayúscula se usa para los nombres de personas, lugares, compañías, días y meses (pero no estaciones): James Turner heard on Monday that he's got a job with Artefact Ltd in Scotland; he has been looking for a new job since the spring. He's leaving at the end of July.

1.2.11 Ejemplos de correspondencia

Esta carta responde a una demanda de información, mostrando (p18):

Estilo bloque, es decir, que cada renglón empieza a la izquierda.

Puntuación abierta, sólo la hay en el cuerpo de la carta.

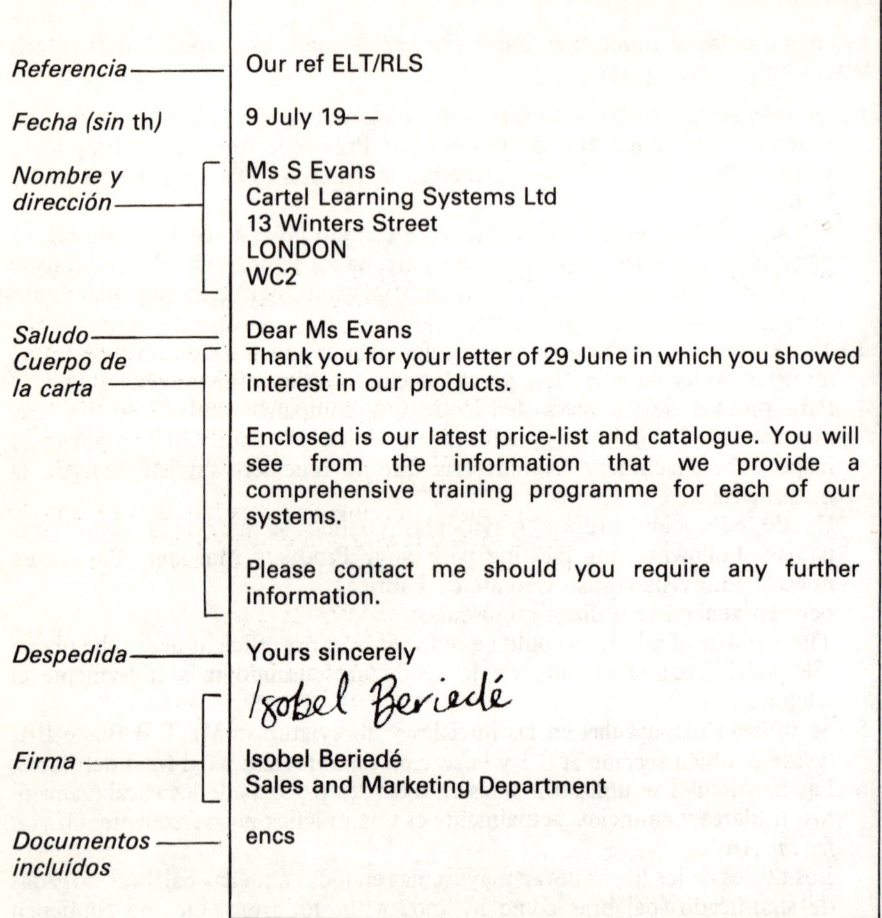

Esta carta muestra (p19):

Estilo sangrado parcial, es decir nombre y dirección en bloque, fecha a la derecha, y cada párrafo comienza con un renglón sangrado. Toda la carta lleva puntuación.

El autor comienza y termina la carta a mano para demostrar su amistad con el destinatario.

Con estilo sangrado se pone puntuación

Escrito a mano porque se conocen bien

Documento incluido

Our ref: ajs/dp 10th January, 19– –

Mrs A Berens,
Creasport Production,
Hameentie, 366,
00560, Helsinki.

Dear Anna.

First of all, thank you very much for a thoroughly enjoyable evening at the theatre last night. The "Golden Cockerel" was certainly very spectacular and one of the most entertaining operas I have seen for quite a while.

Now on to business, during the interval last night, we discussed The Information Technology Programme and I said I would send you some information. I enclose the relevant handbook which also gives details of other courses which we operate.

I hope you find this information of use and look forward to seeing you in the near future.

My very best wishes to you and David.

Michael

Michael Catton,
Senior Training Officer

Enc.

□ 1.3 El sobre

El nombre y la dirección se escriben de la misma forma que en el interior de la carta, pero en el sobre se pueden usar abreviaturas:

Road	*Rd*
Avenue	*Ave*
Street	*St*
Hertfordshire	*Herts*

Ms S Pritchard
Research Assistant
Hertfordshire College of Art and Design
7 Hatfield Rd
ST ALBANS .... *Ciudad/pueblo en mayúsculas*
Herts
UNITED KINGDOM ...... *País en mayúsculas*
AL1 3RS .... *Código postal al final y en línea aparte*

A continuación están las abreviaturas oficiales de los nombres de los condados:

Bedfordshire	Beds
Berkshire	Berks
Buckinghamshire	Bucks
Cambridgeshire	Cambs
Gloucestershire	Glos
Hampshire	Hants
Hertfordshire	Herts
Lancashire	Lancs
Leicestershire	Leics
Lincolnshire	Lincs
Mid Glamorgan	M Glam
Middlesex	Middx
Northamptonshire	Northants
Northumberland	Northd
Nottinghamshire	Notts
Oxfordshire	Oxon
Shropshire	Shrops/Salop
South Glamorgan	S Glam
Staffordshire	Staffs
Warwickshire	War
West Glamorgan	W Glam
Wiltshire	Wilts
Worcestershire	Worcs
Yorkshire	Yorks

Norte, Sur, Este y Oeste se pueden abreviar con N, S, E y W.
County (condado) puede abreviarse Co.

2 Cartas comerciales norteamericanas

□ 2.1 Distribución

La distribución de una carta comercial americana es prácticamente igual a la inglesa. La puntuación abierta (sólo el cuerpo de la carta puntuado) y el estilo de carta en bloque (todas las líneas empiezan en el margen izquierdo) es lo más común.

□ 2.2 Formas de encabezamiento

La palabra Gentlemen para el saludo es lo mas común. Si el autor quiere dirigir la carta a una organización, pero al mismo tiempo quiere que sea atendida por una determinada persona, utilizará la convención siguiente:

January 1 1999

American Corporation
Advertising Department
123 Park Towers
Zanesville ST 4567

Attention Mr Jon Esling

Gentlemen:

Si quiere indicar que hay hombres y mujeres en la empresa, el saludo mas corriente es: *Ladies and Gentlemen* o *Dear Sir or Madam*
El saludo *Dear Sir* en las cartas comerciales norteamericanas se utiliza muy poco, pues lo consideran anticuado.
Los saludos más comunes son: Gentlemen
Dear Mr (Ms, Mrs, Miss, Dr, Professor) Jones
Dear Bob
En las cartas 'simplificadas', que son aquellas que van dirigidas a una organización en general, no se usa encabezamiento ni despedida.

□ 2.3 Formas de despedida

Al igual que en las cartas británicas, sólo la primera palabra se escribe con mayúscula:

Nivel de formalidad	**Despedida**
Muy formal – para demostrar respeto y deferencia	Respectfully yours Respectfully Very respectfully
Neutro – usado en correspondencia general	Very truly yours Yours very truly Yours truly
Amistoso y menos formal – también usado en correspondencia general	Most sincerely Yours cordially Very sincerely yours Sincerely yours Yours sincerely Sincerely
Aún menos formal – usado cuando el remitente y el destinatario se conocen bien	As ever Best wishes Best regards Kindest regards Kindest personal regards Regards

□ 2.4 El sobre

El Servicio Postal de los Estados Unidos recomienda que las direcciones en los sobres se escriban totalmente en mayúsculas y sin puntuación.

MR M S PROCHAK PRESIDENT ....Nombre y título en la misma línea

SILICAN PRESS CORP
276 MAIN BLVD SUITE 60 ....El número de la habitación, apartamento o suite se escribe a continuación del nombre de la calle

FAIRMONT MT 235867 .... Los códigos de la ciudad, estado y ZIP (véase más abajo) se ponen en la misma línea

USA

La abreviatura del estado representada por dos letras en mayúscula es obligatoria.
El ZIP (equivalente al código postal británico) también es obligatorio.
ZIP = Zone Improvement Plan.

□ 2.5 Abreviaturas de los Estados (para los EE.UU. y dependencias)

Alabama	AL	Kansas	KS	Ohio	OH
Alaska	AK	Kentucky	KY	Oklahoma	OK
Arizona	AZ	Louisiana	LA	Oregon	OR
Arkansas	AR	Maine	ME	Pennsylvania	PA
California	CA	Maryland	MD	Puerto Rico	PR
Canal Zone	CZ	Massachussetts	MA	Rhode Island	RI
Colorado	CO	Michigan	MI	South Carolina	SC
Connecticut	CT	Minnesota	MN	South Dakota	SD
Delaware	DE	Mississippi	MS	Tennessee	TN
District of Columbia	DC	Missouri	MO	Texas	TX
Florida	FL	Montana	MT	Utah	YT
Georgia	GA	Nebraska	NE	Vermont	VT
Guam	GU	Nevada	NV	Virginia	VA
Hawaii	HI	New Hampshire	NH	Virgin Islands	VI
Idaho	ID	New Jersey	NJ	Washington	WA
Illinois	IL	New Mexico	NM	West Virginia	WV
Indiana	IN	New York	NY	Wisconsin	WI
Iowa	IA	North Carolina	NC	Wyoming	WY
		North Dakota	ND		

□ 2.6 Ejemplo de una carta comercial (EE. UU.)

Orange County Van & Storage Company
13871 Newhope Street, Garden Grove, California 92643
714/537 – 3155

May 31 19--

RCM Manufacturing Company Inc
4022 Ninth Avenue
New York, New York 10055

Gentlemen:

We intend to purchase a new copier before the end of our fiscal year which is August 30. We have heard good reports about your products and wonder if you have a model that would suit our needs.

Our office is not particularly large and we employ only four secretaries who would be the principal users. We have estimated that we run approximately 3,000 copies a month and we would prefer a machine that uses regular paper. We should also like to be able to reduce and enlarge.

Please let us know your warranty and repair service.

We hope to hear from you soon.

Sincerely yours,
ORANGE COUNTY VAN AND STORAGE CO

Michael Sheldon
Manager

Vocabulario:

USA	**UK**
Inc (Incorporated)	Ltd (Limited)
May 31	31 May
Gentlemen:	Dear Sirs
fiscal	financial
regular	normal
warranty	guarantee
Sincerely yours	Yours faithfully

☐ 2.7 El inglés británco y el inglés norteamericano

2.7.1 Diferencias ortográficas

1. Las palabras que terminan en *-our* en inglés británico, acaban en *-or* en inglés americano. Por ejemplo:

Británico	**Americano**
neighbour	neighbor
favour	favor
labour	labor

2. Las palabras que terminan en *-gue* en inglés británico, acaban en *-g* en inglés americano. Por ejemplo:

catalogue	catalog
monologue	monolog
dialogue	dialog

3. Las palabras que terminan en *-re* en inglés británico, acaban en *-er* en inglés americano. Por ejemplo:

theatre	theater
centre	center
calibre	caliber

4. En inglés británico, las palabras cuya raíz acaba en *-l*, duplican la *l* cuando llevan un sufijo que empieza con vocal, pero no es así en inglés americano. Por ejemplo:

dial – dialled, dialling	dial – dialed, dialing
travel – travelled, travelling	travel – traveled, traveling
wool – woollen	wool – woolen

5. Muchas palabras que terminan en *-ce* en inglés británico, acaban en *-se* en inglés americano. Por ejemplo:

defence	defense
licence	license
offence	offense

Otras diferencias ortográficas específicas pueden encontrarse en un buen diccionario inglés–inglés. Por ejemplo:

tyre	tire
cheque	check
aluminium	aluminum
aeroplane	airplane

En cuanto al vocabulario, hay dos posibilidades de confusión (aunque el contexto generalmente aclara el significado – ver Sección A 2.7.2).

2.7.2 Diferencias de vocabulario

Palabras diferentes para la misma cosa. Por ejemplo:

Británico	**Americano**
autumn	fall
bonnet (car)	hood
current account	checking account
flat	apartment
flyover	overpass
full stop	period
holiday	vacation
lift	elevator
Limited Company (Ltd/PLC)	Corporation (Inc)
No (number)	#
pavement	sidewalk
PTO (please turn over)	over
rates/poll tax	property tax
saloon (car)	sedan
timetable	schedule
toilet	bathroom/restroom
underground/tube	subway

La invasión de la cultura americana en Gran Bretaña a través de la música pop, las películas y programas de televisión, etc., hace que la mayoría de los ingleses conozcan las diferencias citadas; probablemente a la inversa no ocurre lo mismo. Hay ciertas cosas que pueden causar confusión. Son cosas que se usan en ambos países pero con significado diferente, dentro del mismo contexto. Por ejemplo:

Británico	**Americano**
11.1.91 (11 January)	1.11.91 (11 January)
1.11.91 (1 November)	1.11.91 (1 November)
billion	trillion (Ver nota 1.1.2 en la sección B ya que en el R.U. se comienza a usar el billión americano)
one thousand million	billion
quite good	all right
very/really	quite
ground floor	first floor
first floor	second floor
to table a motion (meetings)	to submit a topic for discussion
to postpone a topic for discussion	to table a motion

3 Estilo de la carta comercial británica

□ 3.1 Abreviaturas

Utilice solamente abreviaturas que esté seguro que sus lectores conocen: USSR, UK, USA, £50 etc. Ciertas palabras se escriben siempre abreviadas: am, pm, NB, eg, ie (ver también Sección B 2.3). En la correspondencia cortés no use contracciones. Por ejemplo:

No usar	**Usar**
don't	do not
won't	will not
can't	cannot

□ 3.2 Ambigüedades

3.2.1 Largo de las frases

No utilice frases demasiado largas, pues pueden resultar confusas y difíciles de leer. Por ejemplo:

Interest will continue to accrue from the date of your statement until your payment is received, and for this reason, although a payment is made for the balance shown on a given statement, a residual interest charge will appear on the subsequent statement.

Esta frase es demasiado larga. Es mejor que las frases tengan un promedio menor al de 20 palabras. Se pueden utilizar frases cortas para los puntos importantes y aportar nueva información en frases separadas. Por ejemplo:

Interest accrues from the date of your statement until payment is received. Any interest accrued in this period appears on your next statement.

3.2.2 Puntuación

We are investigating the possibility of buying twenty two tonne trucks.
Esto puede significar:

1. 22 camiones de 1 tonelada (twenty-two)
2. 20 camiones de 2 toneladas (twenty two-tonne)

3.2.3 Orden de las palabras

We received the statement which was overdue in March.
Esto puede significar:

1. Recibimos el estado de cuentas en marzo.
2. El estado de cuentas que debió haber sido enviado en marzo.

3.2.4 Pronombres

He had to leave him to continue with his report.
Esto puede significar:

1. La persona que se fue tenía que escribir el informe.
2. La persona que se quedó tenía que escribir el informe.

3.2.5 Mensajes abreviados

El que escribe sabe lo que quiere decir, pero el que recibe sólo dispone de lo que está escrito.
Goods despatched 21 February damaged
Esto puede significar:
1. Que llegaron estropeadas.
2. Que se estropearon después de la llegada.

□ 3.3 Expresiones comerciales anticuadas

No usar palabras pasadas de moda que han perdido su significado. Por ejemplo:

No usar	**usar**
attached hereto	*attached*
at your earliest convenience	*as soon as possible*
we are in receipt of	*we have received*
enclosed please find	*please find enclosed*
we have received same	*we have received it*
we beg to advise you your cheque has arrived	*your cheque has arrived*

□ 3.4 Ortografía

Las faltas de ortografla en una carta comercial ponen en duda la eficiencia y honestidad de la compañla. Si no posee un procesador de textos con comprobante ortográfico, el conocimiento personal es la única forma de asegurarse de la corrección de su correspondencia. Se deben evitar, sobre todo, los malentendidos de aquellas palabras que se pronuncian igual pero se escriben de diferente manera. Las palabras más fácilmente confundibles aparecen en la lista siguiente. Comprobar los diferentes significados en el diccionario.

affect	effect
counsel	council
ensure	insure
except	accept
fare	fair
for	four
formally	formerly
passed	past
peace	piece
practice	practise
principal	principle
stationary	stationery

□ 3.5 Tono

3.5.1 Argot

No deben usarse expresiones propias del lenguaje coloquial hablado. Comparar:

I'm sure we checked the lot and found it was all OK.
I'm sure we checked everything and found each item was up to standard.

3.5.2 Diplomacia

Usar la forma pasiva:
No usar: You forgot to send the enclosures.
Sino: The enclosures were not received.

Emplear la tercera persona:
No usar: I regret that I cannot authorize the payment. Sino: The company cannot authorize this payment.

No responsabilizar directamente a alguien:
No usar: You have not paid. Sino: We haven't received your cheque.

No ser tajante:
No usar: You have made a mistake. Sino: It seems that a mistake has been made.

Evitar brusquedades:
No usar: We cannot accept your order. Sino: Unfortunately we cannot accept your order as we have not yet received your letters of reference. We shall be delighted to process your order once we have received the necessary information.

Adoptar una actitud positiva:
No usar: We regret to inform you that prices have increased by 15% owing to increased production costs. Sino: We are pleased to inform you that in spite of rising production costs, price increases are being kept down to 15%.

□ 3.6 Formalidad de expresión

3.6.1 Lenguaje formal y menos formal

Las primeras son más formales que las segundas.

accordingly	so
acquire	get
apparent	clear, plain
ascertain	find out
assist, facilitate	help
commence	begin
consider	think

consult	contact, talk to, see, meet
discontinue	stop, end
economical	cheaper
endeavor	try
erroneous	wrong, false
formulate	work out, devise
implement	do
in consequence of	because, as
in excess of	more than
initiate	start
necessitate	need, compel, force
obtain	get
remuneration	salary, pay, income, fee, wages
state	say
supplementary	extra, more
take cognizance of	notice, realize, know
terminate	end
utilize	use

Otros ejemplos se encuentran en *Newman's English* (Rinehart and Winston).
Las palabras de origen latino se siguen utilizando en la correspondencia comercial. Aunque los extranjeros las entienden mejor, su uso en el R.U. puede tener los resultados siguientes:

1. Hacer el mensaje más frío y menos cordial (hasta puede resultar antipático).
2. Hacer el mensaje más rígido (puede parecer oficioso).
3. Hacer pensar que proviene de una persona muy culta (puede parecer pretencioso).

Comparar los ejemplos:

In consequence of the non-payment of the above-noted account and your failure to avail yourself of the facilities afforded to you in our Reminder Note sent to you on 16 May, we are putting the matter in the hands of . . .

y

We still have not received your payment to clear the above account. We sent you a reminder on 16 May giving details of the different ways to spread your payments. As we have not heard from you, we are passing the matter over to . . .

3.6.2 Estilo

En escritos comerciales de tipo formal, se evitan los pronombres *I*, *you*, *we*.

Estilo más formal: One should check whether one is insured against theft. (Se debe comprobar si se está asegurado contra robos.)

Estilo menos formal: You should check whether you're insured against theft. (Debe Vd. comprobar si está asegurado contra robos.)

Nota: Algunas empresas prefieren que se utilice el pronombre *we* (nosotros) y no *I* (yo) en los escritos de la empresa.

El *I* se utiliza únicamente cuando la persona que escribe hace referencia a sí misma. En las cartas comerciales se pueden utilizar los dos pronombres en la misma carta. Por ejemplo:

We have considered the report carefully and we feel that it is too early for us to make a decision. I should like to arrange further discussions to clarify some of the details. (Hemos estudiado el informe en detalle y opinamos que es demasiado pronto para decidir. Quisiera concertar otra reunión para clarificar algunos detalles).

Por otro lado, el uso de *we* reduce la responsabilidad del que firma en determinadas circunstancias; es decir, la empresa se hace responsable de lo escrito y no la persona que lo firma. Por ejemplo:

Unless we receive your payment within seven days, we shall instruct our solicitors to start proceedings to recover the debt. (Si no recibimos su pago en un plazo de siete días, pondremos el asunto en manos de nuestro abogado a fin de recuperar la deuda.)

Aunque la diferencia entre *who* y *whom* ha desaparecido en el inglés hablado, algunos todavía la utilizan para conferir un tono mas serio. Por ejemplo:

Más formal: The Managing Director is seeking a company with whom they can merge. (El Director General está interesado en encontrar una empresa con la cual fusionar la suya.)

Menos formal: The Managing Director is looking for a company who they can merge with. (El Director General busca una empresa con la que fusionar la suya.)

El uso de la voz pasiva puede dar la mensaje un tono más formal. Por ejemplo:

Más formal: This matter will be dealt with immediately. (Este asunto será tratado de inmediato.)

Menos formal: Someone will deal with this matter immediately. (Alguien tratará este asunto inmediatamente.)

El uso de *it* al principio de la frase le confiere un tono más formal:

Más fromal: It has taken him three weeks to answer my letter. (Tardó tres semanas en contestar mi carta).

Menos formal: He has taken three weeks to answer my letter. (Ha tardado tres semanas en contestar mi carta).

Comparar las cartas siguientes.

A un colega con el que tiene relaciones comerciales muy frecuentes:

> Dear John,
>
> I enjoyed seeing you last week and visiting your lovely city again. Many thanks for the wonderful meal.
>
> I checked on the books you mentioned and they're coming out in 19--. I'll send you 20 copies of each title in the series as soon as they are published.
>
> Perhaps you could give me a ring later in the month to talk about your new catalogue.
>
> Many thanks again for looking after me.
>
> With best wishes,

A una persona de mayor rango y edad con la cual el remitente ha tenido poco trato:

> Dear Mr Smith
>
> It was delightful to meet you last week and to visit your charming city. I should like to take this opportunity of thanking you for the superb meal.
>
> With reference to our discussion, we can now confirm that the titles you mentioned will be available in 19--. We shall forward 20 copies of each title in the series as soon as they are published.
>
> I look forward to discussing your forthcoming catalogue at a later date.
>
> Thank you once again for your hospitality.
>
> Yours sincerely

También se puede conseguir un estilo menos formal corrigiendo a mano una carta mecanografiada en estilo formal:

> ~~Dear Mr Seymour~~ Dear John
>
> Enclosed is the latest report from our R and D Department on the feasibility of introducing the new component.
>
> We hope to hear from you soon.
>
> ~~Yours sincerely~~ With best wishes
>
> James
>
> J A Martin
> Assistant Research Officer

4 Planificación de la carta

□ 4.1 Orientación inicial

Da una idea general del contenido de la carta y es un punto de referencia inmediato para el lector. Permite a quién escribe presentar el tema, y referirse a él a lo largo de la carta. No es necesario empezar la orientación inicial con Re:

La orientación inicial puede escribirse en mayúsculas, subrayada, o en negrita. Por ejemplo:

> Dear Mr Collins
> ACCOUNT NO 237999
> Enclosed is the payment due on the above account . . .

> Dear Ms Miller
> H Marshall and Co
> We have now received our reports concerning the above company and . . .

> Dear Sir
> **Online search services**
> We are interested in finding out about the above service offered by your company . . .

Si la carta es larga, complicada, o hay más de un tema de la misma importancia, es mejor omitir la orientación inicial.

□ 4.2 Párrafo inicial

Referirse a la correspondencia previa:
Thank you for your enquiry of (fecha).
In reply to your letter of (fecha), I enclose details of our . . .
Thank you for your telex of (fecha) enquiring about our . . .
In answer to your telephone message earlier today, I can confirm . . .
Si no existe correspondencia previa, *o*:

1. Presentarse:
   We are a (tipo de empresa) in (lugar) and are interested in purchasing (producto).
   I plan to open (describir la empresa) in a prime site in (lugar).
   We are the main suppliers in the UK for . . .

o:

2. Explicar el propósito de la carta:
   I am writing concerning . . .
   Please find enclosed our order for . . .
   We are interested in purchasing . . .

☐ 4.3 Párrafo central

Esta párrafo sirve para dar detalles del propósito de la carta:

Enclosed are some leaflets which set out in detail the range of our products as well as the current price list.

The booking was for a single room with shower for four nights from 19 to 22 September inclusive.

Would you please tell us if this firm has had any outstanding payments in the past or whether their business has been subject to bankruptcy proceedings?

☐ 4.4 Párrafo final

Si la carta es una respuesta, volver a dar las gracias:

Once again thank you for your order.
enquiry.
interest.
co-operation.

Si la carta es una disculpa, repetirla también:

Let me apologise again for the delay in sending you this information.

Once again, please accept my apologies for taking so long to settle the account.

Si desea que se haga algo, dígalo:

We look forward to receiving your quotation.

Please telex to confirm the reservation.

Si espera pronta respuesta:

We hope to hear from you in the near future.

I hope the enclosed information covers all your questions, but please do not hesitate to contact us if there are any points which require clarification.

We hope that our terms are of interest to you and we look forward to hearing from you.

Segunda parte Expresiones empleadas en la correspondencia comercial

5 Demandas de información

□ 5.1 Demanda inicial

5.1.1 Frases iniciales

We are considering buying . . .
purchasing . . .
installing . . .
We require for immediate delivery . . .
We are (tipo de empresa) and are looking for a supplier of . . .
Please could you send us details of . . . as advertised in . . .
We are (tipo de empresa) and are interested in purchasing . . .
buying . . .
Please could you send us your current price-list and catalogue.

5.1.2 Recomendaciones

We were given your name by . . .
You were recommended to us by . . .
Our associates in . . . speak highly of your products.
services.
Your firm has been recommended to us by . . .
We understand from . . . that you can supply . . .
We saw your stand at the Fair.
Exhibition.
We have seen your advertisement in . . .
Please forward details of . . . as advertised in . . .

5.1.3 Demandas de información sobre condiciones

Will you please let us know your prices for . . .
whether you could supply . . .
give us a quotation for . . .
Please send us further details of . . .
your current price-list.
your export catalogue.
quantities required.
details of goods which can be supplied from stock.
delivered immediately.
shipped immediately.
Could you let us know what you allow for cash or trade discounts?
We should appreciate it if you could let us know what discounts you offer for large orders.

Would you also forward details of packing and delivery charges as as well as terms of payment and discounts?

Prompt delivery is essential and we would need your assurance that you could meet all delivery dates.

We should be grateful if you would forward any further information you may be able to give us about . . .

We can supply the usual trade references.

5.1.4 Frases finales

We look forward to hearing from you as we should like to make a decision as soon as possible.

We should like to make a decision on this soon, so we should appreciate an early reply.

If the prices quoted are competitive, we shall be able to place regular and substantial orders.

□ 5.2 Respuestas a demandas de información

Thank you for your enquiry of 9 July 19-- in which you asked about . . .

Thank you for your enquiry of 9 July 19-- about . . .

Enclosed is a copy of our latest catalogue.
current price-list.
are samples of various patterns/qualities together with our price list.

With reference to your telephone enquiry today, we can offer you the following at the prices stated:

5.2.1 Respuestas positivas

We have pleasure in submitting the following quotation.

Our terms are net, payment due within 28 days from the date of invoice.

We can supply from stock and can meet your delivery date.

We can offer a large variety of . . . at attractive prices.

We can quote advantageous terms for . . .

We can supply any quantity of our products without delay.

For orders of . . . and more we allow a special discount of . . .%.

We can delivery the quantities mentioned in your enquiry from stock . . . days from receipt of the order.

Our usual terms are bank draft against pro forma invoice.
documents against irrevocable letter of credit.
. . . % discount for payments within 28 days.
. . . % discount on net prices for orders over . . .

We can quote you a gross price, inclusive of delivery.

All list-prices are quoted FOB (a bordo del buque) and are subject to . . . % discount paid by letter of credit.

Please note that these prices will be held for . . . days. If an order is not received within that period the prices quoted are subject to change.

5.2.2 Frases persuasivas

Once you have seen our product, we are confident that you will find it to be the best value on the market.
You will not be disappointed in this product and our confidence in it is supported by a three-year guarantee.
The discount of offer can be allowed only on orders placed before (fecha).
We can offer you goods of the very highest quality and if you find them unsatisfactory in any way, you can return them to us without obligation.
We hope you will take full advantage of our exceptional offer.

5.2.3 Respuestas negativas

We regret we no longer supply this product and suggest you try (nombre de otra empresa).
Owing to insufficient demand, we no longer produce the . . . you are interested in; however we can supply a similar type and details of these are enclosed.
The product you enquired about is manufactured by us but can only be supplied through one of our agents. Please contact (nombre y dirección) who will be pleased to deal with your enquiry.

5.2.4 Frases finales

If there is any further information you require, please don't hesitate to contact us. Meanwhile we look forward to hearing from you soon.
We hope we have the pleasure of receiving your order for the above and look forward to hearing from you.
We are sure our offer will interest you and look forward to receiving your order.
We hope to hear from you soon and can assure you that your order will be dealt with promptly.
As you can see our prices are extremely competitive and, as they are likely to increase within the next three months, we advise you to place your order as soon as possible.
We recommend that your order is forwarded as soon as possible since supplies are limited.

□ 5.3 Ejemplos de correspondencia

Demandas breves de información: Por lo general para ellos se usa el telex, el fax, o se hacen por teléfono. Las siguientes son muestras de cartas modelo:

Dear Sir

I visited your stand at the recent Interstoffe Fair. We have a copy of your catalogue and price-list.

Would you let us know if you would change your terms to cash on arrival with 5% discount?

Our agent, Mr Raphael, will contact you to discuss terms before the end of the month.

Yours faithfully

Dear Mr Tanner

From our mutual friend, Alan Walters, I understand you are interested in selling your machines on this market.

Please let me have your price-lists and literature.

Prices should be calculated for D/A 30 days, CIF and include my commission of 7%.

Yours sincerely

Carta de respuesta a una demanda de información, dando cotizaciones:

Dear Sir

Thank you for your enquiry. We have pleasure in quoting you the following;

Concord Wenda Lighting	ref 984	98.26
Aluminium pole (3500mm)	ref 879	300.25
Aluminium pole (4000mm)	ref 239	321.28
Cable boxes (Group A)	ref 237	38.40
Ditto (Group B)	ref 238	37.98

Relevant information sheets are enclosed. All prices charged are those ruling on the date of despatch.

We look forward to receiving your order.

Yours faithfully

Respuesta negativa a un pedido:

> Dear Mr Simmons
>
> Thank you for your letter of 16 April, regarding your activity New Sound and Vision; we apologise for the delay in replying.
>
> We are indeed the authorized distributor for MCA gas lasers. We hold a stock of lasers here in Bookham for immediate delivery to customers. Unfortunately we do not have 50mW HeNe laser in stock. We regret, therefore, that we are unable to make such a unit available for your project.
>
> We have passed your letter to our colleagues at MCA and they have agreed to contact you directly, although we believe they may well have the same stock situation as ourselves.
>
> Yours sincerely
>
> Peter Clarke
> International Sales Manager cc Mr I Stone MCA

6 Pedidos

El cliente generalmente utiliza sus propios documentos de pedido, ya impresos, o los del proveedor mediante telex o télefono. El pedido debe ir acompañado de una carta para confirmar las condiciones de venta.

□ 6.1 Carta adjunta

6.1.1 Frase inicial

Thank you for your quotation of (fecha). The prices and terms are acceptable and enclosed is our order number . . .

To confirm our order, please find enclosed our order form for (cantidad y contenido) for immediate shipment.

6.1.2 Condiciones de entrega

Please forward the consignment by air.
Please arrange for delivery by train.
send the goods by scheduled freighter.
by road.

Please ensure that the enclosed packing instructions are followed carefully.

The goods must be packed / should be wrapped / are to be crated / marked according to our instructions.

The goods	must be	packed	
	should be	wrapped	according to our instructions.
	are to be	crated	
		marked	

Delivery before November is essential to allow us time to distribute the goods to our outlets by Christmas.

6.1.3 Confirmación de las condiciones de pago

As this is our first order with you, we shall pay cash against documents as agreed.
We shall take advantage of the generous discount you offer for prompt settlement.
For the amount invoiced and the charges you may draw on us at . . . days' notice.
We should like to confirm that payment is by irrevocable letter of credit.
Once the order is received, we shall forward a banker's draft.
As agreed payments will be made quarterly.
We should like to thank you for the . . .% trade discount and the . . .% discount on orders over the value of . . . pounds sterling.

6.1.4 Frases finales

We look forward to receiving your shipment.
advice of despatch.
acknowledgement of . . .
confirmation of . . .

We look forward to dealing with you in the future.
We hope that this will be the first of many satisfactory transactions between us.

□ 6.2 Confirmación de pedido

6.2.1 Acuse de recibo

Thank you for your order No. . . . for which we enclose our official confirmation.
Thank you for your letter of (fecha) and for the order which you enclosed.

6.2.2 Información al cliente sobre el pedido en curso

Your instructions have been carefully noted and we hope to have the goods ready for despatch on . . .
Delivery will be made on . . .
next (fecha).
by . . .
as soon as possible.
within the next three weeks.

We have already made up your order and are now making arrangements for immediate shipment.

The goods were forwarded today by air
will be sent tomorrow by train.
by sea.

Your order is now being processed and should be ready for despatch by next week.

The processing of your order will unfortunately take up to three months as we are waiting for parts.

As requested, we have arranged insurance and will attach the policy to the air waybill.

6.2.3 Aviso de envío

El proveedor enviará una carta o aviso, que es un formulario especial comunicando al cliente que el pedido ha sido despachado.

Your order No. . . . was put on board SS (barco) sailing from (puerto) on (fecha) and arriving at (puerto) on (fecha).

Enclosed is consignment note No. . . . and copies of your invoice.

Please contact us immediately should any problems arise.

6.2.4 Notificación al proveedor Reclamación del pedido no ha llegado

The goods we ordered on (fecha) have not yet arrived.

To confirm our telex, we have not yet received order No. . . ., which we understand was shipped on (fecha).

Our order No. . . . should have been delivered on (fecha) and is now considerably overdue.

6.2.5 Información sobre demoras al cliente

Unfortunately there has been a two-week delay in delivery. This delay was totally unforseen and due to a strike by customs officials here.

We were sorry to hear that your order has not yet arrived. We have investigated the cause and found . . .

6.2.6 Cancelación de pedidos

On (fecha) I ordered (mercancía) to be delivered at the end of the month. I now find that my present stock is sufficient to meet our requirements for the next month and I should like to postpone the order until further notice. I hope because of our long-standing connection, you can agree to this.

Referring to our order No. . . . of (fecha), you will remember that we stressed the importance of meeting the delivery date of (fecha). As we have not yet received the consignment and we have already written to you twice on this matter, we have no alternative but to cancel this order. We regret this but as the goods were required for shipment tomorrow we now have no means of getting them to our clients.

If you have not yet processed our order No. . . . will you please hold up the consignment until further notice.

Please do not send order No. . . . as we have sent you the wrong order.

As we were not entirely satisfied with your last delivery of (mercancía), would you please cancel our repeat order No. . . .

□ 6.3 Ejemplos de correspondencia

Acuse de recibo de un pedido:

Our ref TR2314/D Your ref AP/6887

Mr T M Payne
Chief Buyer
P Carsons and Co Ltd
Carlton House
Carlton Terrace
Birmingham B3 3EL
UK

18 May 19--

Dear Mr Payne

Order No TR 2314/D

Thank you for the above order which we are making up.

We have all the items in stock and they should be ready for despatch by next week.

We shall be advising you as soon as we can confirm shipment.

Yours sincerely

Carta adjunta al envío de un pedido:

Dear Mr Payne

INTERNATIONAL HANDBOOK

I am pleased to enclose a copy of the above. I apologise for the delay in fulfilling your request, which as I explained in my earlier letter was due to depletion of the initial stocks.

May I apologise again for the delay. If you need any further information, contact me on the above number or alternatively leave a message on our Telecom Gold Mailbox 45PT1000.

Yours sincerely

7 Transporte

☐ 7.1 Condiciones de entrega

El 'precio y costes de transporte' puede referirse a distintos servicios. Para evitar esto la Comunidad Internacional de Comercio ha establecido una serie de términos llamados *incoterms*. Se puede obtener una lista completa de ellos en el International Chamber of Commerce (ver dirección en Sección C 5.2). Los más corrientes son:

Ex-works (Franco fábrica) Es el coste de la mercancía en la puerta de la fábrica, indicando si el precio de embalaje esta incluido. El comprador debe pagar el transporte de la mercancía.

Free carrier (*FRC*) El precio indicado cubre todos los gastos hasta un lugar establecido de embarque en un container.

Free on board (FOB), (Libre a bordo) Este precio cubre todos los gastos de la mercancía, embalaje incluido, hasta el embarque.

Freight carriage paid to (FCP) Es el precio que cubre coste, embalaje y transporte en container. El seguro no está incluido.

Cost, insurance and freight (CIF, Coste, seguro y flete) Cubre el coste total de la mercancía cargada en un barco, más el flete y el seguro hasta un punto acordado en el país del comprador.

Cost and Freight (CF, Coste y flete) Como en CIF, pero el comprador paga el seguro.

Freight, Carriage and Insurance Paid to (CIP, Flete, transporte y seguro pagados hasta . . .) Cubre el coste de la mercancía, el embalaje, el seguro, y el coste del transporte en container hasta un destino determinado.

Delivery Duty Paid (DDP, Franco domicilio) Es el precio de todos los costes de entrega, aranceles incluidos, hasta la sede del comprador.

☐ 7.2 Documentos de transporte

Los principales métodos de transporte usados en la exportación son: en containers; por carretera y ferry; por barco mercante; por ferrocarril y por avión. Con el crecimiento del comercio con Europa, el transporte por carretera, está desbancando progresivamente al marítimo como principal método de transporte de mercancías. Entre el 40% y et 50% de las exportaciones del Reino Unido se realiza por carretera y la mayor parte del flete marítimo en containers. Las exportaciones a la Comunidad Económica Europea están controladas por un sistema de documentación llamado *The Community Transit-System (CT)*, que reduce los trámites fronterizos usando un procedimiento de tránsito uniforme en toda la CEE.

Commercial Invoice (Factura comercial) Es una demanda de pago. Debe llevar una descripción de la mercancía con su peso, condiciones de pago y los detalles de embalaje. Esta factura comercial se puede utilizar como comprobante para identificar una consigna y para calcular los aranceles.

Bill of Lading (B/L, Conocimiento de embarque marítimo) Sigue siendo el documento de transporte más común para exportar a países fuera de la CEE.

Railway consignment notes (Notas de consignación ferroviaria) Se usan en el transporte internacional por vía férrea.

El transporte por vía aérea es muy común para el transporte de mercancía urgente o de valor. El documento que se usa se llama *Air Waybill* (Carta de porte aéreo).

Los exportadores que emplean a transportistas o expedidores necesitan un certificado de embarque para confirmar reservas.

□ 7.3 Informaciones

7.3.1 Demanda de tarifas

Please let us know the current freight rate for air transport.
sea
rail
road

We have an order for the despatch of (describir la mercancía) from (lugar) and we should be grateful if you would quote us your lowest rate.

Would you please quote for collecting from the address above and delivering to (destino) the following consignment.

We should like to send (describir la mercancía, indicando el tamaño y el peso) by air. Could you please quote charges for shipment and insurance.

We wish to ship a consignment of (describir la mercancía) weighing (dar el peso) and measuring (dar medidas) from (lugar) to (destino). Could you inform us which vessels are leaving before the end of the month and quote your freight rates.

7.3.2 Contestación a una demanda de información

Freight rates are very high at the moment as few ships are available. The net freight amounts to . . .

We can include your consignment of (describir la mercancía) on our next flight to (destino). The departure will be on (fecha). Our air freight rate for crated consignments is . . .

We can ship your consignment by SS (nombre del barco) closing for cargo on (fecha) at the following rate:

7.3.3 Descripción de embalajes

All containers have an inner waterproof lining and are clearly marked with the international sign for fragile
this way up

Each article is wrapped separately in soft material, boxed individually before being packed in cartons.

The (mercancía) will be packed into bundles, covered with sacking and secured by metal bands.

□ 7.4 Instrucciones de transporte

7.4.1 Instrucciones al expedidor

Could you please pick up a consignment of (decribir la mercancía) and make all the necessary arrangements for them to be shipped to (nombre y dirección del comprador)?

To confirm our telephone call this morning, you will arrange for the following goods to be containerised on (fecha) to be transported to (destino). Enclosed is the completed shipping form and bill of lading with copies of commercial invoices, certificate of origin and import licence.

Please deliver to our forwarding agent's warehouse.

7.4.2 Instrucciones a un representante

Please insure the goods all-risk and charge it to our account.

Could you please arrange for the collection of (mercancía) and deliver to (dirección).

Please advise us as soon as the goods arrive and keep them in your warehouse until further notice.

7.4.3 Pedir instrucciones

Please let us have your forwarding instructions for this consignment.

The consignment of (mercancía) has arrived. Please telex further instructions.

We have warehoused the consignment of (mercancía) which arrived on (fecha). We are holding them at your disposal and would like to receive your instructions for them.

□ 7.5 Fletar un barco

Si un comerciante necesita enviar remesas mayores, puede fletar un barco, ya sea para un viaje, ya sea por un período de tiempo. Los barcos se fletan por medio de consignatarios marítimos, y en Londres hay un centro especial llamada Baltic Exchange. La mayoría de los trámites de flete se hacen por telex o por cable y se confirman luego por carta.

7.5.1 Solicitud de flete

We should be glad if you could charter a vessel for us to carry a cargo of (mercancía) from (lugar) to (destino).

Please arrange for a suitable ship for (describir la mercancía, su peso y tamaño) to be shipped from (lugar).

This letter is to confirm our cable to you today in which we asked if you could find a ship which we could charter for an initial period of three months to take shipments of (describir la mercancía) from (lugar) to (destino).

We should like to charter a vessel for one voyage from (lugar) to (destino) to take a consignment of (describir la mercancía, su tamaño y peso). Please advise us if you can obtain a vessel and let us know the terms.

7.5.2 Respuesta a la solicitud de flete de un barco

To confirm our phone call to you today, we have an option on (nombre del barco). She has a cargo capacity of (número) tons which is larger than you required but the owners are willing to offer a part charter of her.

The owners of (nombre del barco) have quoted (cantidad) per ton which is a very competitive rate.

Enclosed is a list of several available vessels. If you tell us which of them you would consider suitable, we shall be pleased to inspect them.

We are pleased to inform you that we have been able to secure (nombre del barco) for you. Please telex us to confirm the charter.

With reference to your enquiry of (fecha), we regret we have not been able to find the size of ship you require for (fecha). We have, however, been given an option on (nombre del barco) for (fecha). The terms are (cantidad) per ton. Please telex your confirmation as soon as possible as we have many enquiries for ships of this size.

□ 7.6 Seguro

Para asegurar una mercancía contra pérdidas o daños, se debe pedir presupuesto a varias compañías u obtenerlos de un agente de seguros. La empresa, entonces, debe rellenar un formulario *(proposal form)*. A cambio del pago de una prima *(premium)*, la compañía aseguradora se compromete a pagar una cantidad estipulada al asegurado, en caso de pérdida o daños.

La prima se establece en peniques por cien libras esterlinas.

De manera que si la mercancía estuviera asegurada en un 25p%, se tendrían que pagar 25p por cada £100 del valor de la mercancía. La nota de cobertura *(cover note)* es un acuerdo que indica que la mercancía está asegurada hasta que la *póliza* (policy) esté preparada. En ese momento el cliente ya puede ser indemnizado *(indemnified)*, es decir que en caso de daño o pérdidas, el cliente recupera lo estipulado.

7.6.1 Petición de presupuesto

We wish to insure the following consignment against all risks for the sum of . . .

We should be grateful if you would quote for open cover for (cantidad) against all risks to insure our regular consignments of (mercancía) from (lugar de procedencia) to (destino).

Please quote your rate for an all-risks open policy for (cantidad) to cover shipments of (mercancía) from (lugar) to (lugar).

We require cover as from (fecha).

A competitive quotation would be appreciated.

7.6.2 Presupuestos

We are prepared to insure the consignment in question at the rate of . . .

We have received quotations from various companies and are able to obtain the required insurance at . . .p%.

We can offer you the rate of . . .p% for a total cover of (cantidad).

We suggest a valued policy against all risks for which we can quote . . .p%.

7.6.3 Instrucciones a una compañía o agente de seguros

Please arrange insurance cover on the terms quoted.

We have been instructed to accept your quotation for . . .p% to cover (describir la mercancía). Please arrange the necessary cover and send us the policy as soon as possible.

The terms you quote with 5% discount for regular shipments are acceptable. Our first shipment will be on (fecha) and we look forward to receiving the policy within the next few days.

We require immediate cover for (cantidad). We should be grateful if you would let us have the policy as soon as it is ready. In the meantime, please confirm that you hold the consignment covered.

We should be grateful if you would arrange insurance for the invoice value plus . . .%.

7.6.4 Reclamaciones

A consignment of clothes under Policy No . . . were stolen in transit. Please send us the appropriate claim form to complete.

Our consignment of (mercancía) arrived damaged by sea water. We estimate the damage caused at (cantidad) and enclose copies of the report of the survey made at the time.

□ 7.7 Problemas

7.7.1 Demoras de entrega

We have not yet received the consignment of (describir la mercancía) which were supposed to have been sent on (fecha). Would you please look into this for us.

Our client's customers (nombre de la empresa) have not received their consignment of (mercancía) B/L 389587, and they would like to know why there has been a delay.

We took delivery on (fecha) of (mercancía); however there were three crates missing. Would you please investigate the whereabouts of the missings goods.

7.7.2 Pérdidas o daños

Yesterday we took delivery of our order No . . . Although the crates were undamaged, we found on unpacking a number of breakages. A list of these is attached.

We should be grateful if you would arrange for replacements of the following articles to be sent as soon as possible.

We have reported the damage to the carriers and have kept the case and contents for inspection.

We regret to report that our consignment of (mercancía) was delivered yesterday in an unsatisfactory condition. A detailed list of the damaged articles is enclosed. As you will be claiming compensation from the carrier, we shall be happy to supply any further information.

The shipment of clothes (N° de pedido) arrived yesterday and it was clear that the boxes had been broken open and articles removed. As the sale was on a CIF basis, we suggest you inform your forwarding agents regarding compensation. We estimate the value of the damage at (cantidad).

□ 7.8 Ejemplos de correspondencia

Telex para informar a un cliente que su pedido ésta preparado y para pedirle el nombre de la empresa de transporte a fin de poder enviarlo:

ATTN: PELE

1 YOUR ORDER IS READY TO SEND. PLEASE LET US KNOW WHICH FREIGHT COMPANY YOU WOULD LIKE US TO SEND IT TO.

2 WE HAVE SENT THE REMAINING PIECES BY POST.

BEST REGARDS
ADAM PEARSON

Carta del proveedor al comprador, informándole que su pedido ha sido enviado. El proveedor adjunta copias de los documentos:

> Dear Sirs
>
> Advice of shipment
>
> We are pleased to inform you that the following order has been shipped and we are enclosing the relevant copies of shipping documents for your reference.
>
> | | |
> |---|---|
> | Your order No | PM/1345D |
> | Our Sales Note No | 860123 |
> | Your L/C No | IMP1/1657/A |
> | Commodity | Surfboards and accessories |
> | Invoice Amount | US$2,460 |
> | Ocean Vessel | "ANNA MAERSK" 7694 |
> | Shipping Date | 18 October 19-- |
>
> We hope that the goods will reach you in good order and give you complete satisfaction.
>
> Yours faithfully

Mensaje vía telefax para informar sobre un cambio en la fecha de envío de un pedido:

> Dear Sirs
>
> Shipment on 17/7 through "Bravo" 3481
>
> We are sorry to inform you that the above shipment has to be changed to "ARILD MAERSK" 3879 on 19 July as the shipping company changed the shipping day.
>
> We hope this does not cause any inconvenience to you.
>
> Yours faithfully

8 Contabilidad y pagos

□ 8.1 Formas de pago

8.1.1 Los bancos en el Reino Unido

Hay dos tipos principales de bancos: los bancos mercantiles y los bancos comerciales.

Merchant Banks (Bancos mercantiles) Dan facilidades a las grandes organizaciones y están especializados en el comercio internacional, dedicándose al transporte, los seguros y el cambio de divisas.

Commercial Banks (Bancos comerciales) Ofrecen los mismos servicios que los bancos mercantiles, pero su principal interés está centrado en el comerciante particular, a quién ofrecen cuentas corrientes, cuentas a plazo fijo, cuentas de ahorro y facilidades de crédito. Tienen un gran número de sucursales en el Reino Unido. Los más importantes son: *Lloyds, National Westminster, Barclays* y *Midland.*

8.1.2 Formas de pago internas en el Reino Unido

Bank Giro Credit Transfer (Transferencia de fondos) Este método transfiere dinero de una cuenta a otra sin necesidad de enviar cheques por correo.

Banker's Draft (Orden de pago) Emitida por un banco a nombre del cobrador por la cantidad que sea, y normalmente pagada a la vista. Se usa para pagar grandes cantidades de dinero en lugar de hacerlo por cheque.

Cash in registered envelope (Efectivo en sobre certificado) Estos sobres se obtienen en las oficinas de correos (ver Sección C 1.4.3 y 3.

Cash on delivery (Entrega contra reembolso) Servicio que ofrece Correos. (Ver Sección 1.4.3 y 3).

Cheque (Cheque) Puede ser de banco o de la oficina de correos (Girobank) y está respaldado por una tarjeta bancaria. Hay cheques abiertos que se pueden cobrar en efectivo, y cheques cerrados (con dos líneas verticales) que hay que depositar en la cuenta del cobrador. Los cheques británicos son válidos durante seis meses.

Credit card (Tarjeta de crédito) Emitida por bancos, *Access, American Express, Diners Club*, etc., sirve para comprar bienes o servicios a crédito.

Direct debit (Cobro directo) Sistema mediante el cual el beneficiario está autorizado a cobrar directa y periódicamente de la cuenta bancaria del deudor.

Post Office Girobank (Sección bancaria de Correos), ver Sección C 1.4.3 y 3.

Postal Order (Giro postal) Emitidos por Correos en valores de hasta 20 libras esterlinas. Correos cobra un suplemento por la venta de cada giro. Estos pueden estar cruzados para mayor seguridad. Como esta forma de pago es cara, por lo general se usa sólo para enviar pequeñas cantidades.

Standing (banker's) order (Orden de pago) Instrucciones al banco para hacer pagos regulares a una persona o entidad directamente de la cuenta del cliente.

8.1.3 Formas de pago entre países

Bank Transfer (Transferencia bancaria) Pago transferido de un banco nacional a otro extranjero. Se puede hacer por vía aéra *(Mail Transfer),* por telex (*Telegraphic Transfers*) o por *SWIFT* (*cable interbancario*). El *SWIFT* da instrucciones o avisos sobre transferencias, pero no hace pagos ni cobros. Todavía no están asociados todos los bancos.

Bill of exchange (Letra de cambio) Normalmente usada para exportación. La letra declara que el comprador pagará una cantidad determinada al vendedor dentro de un plazo dado. Se envía por correo o a través del banco. Cuando el comprador acepta la letra, la firma y la devuelve al vendedor, quién la entrega a su propio banco. De allí va a algún banco sucursal o corresponsal en el país del comprador, y éste la presenta en la fecha dada para obtener el pago. Normalmente no se envía la mercancía hasta después de recibir la letra de cambio firmada. Con *Documents against acceptance* o *documentary collection* el banco sólo entrega los documentos contra pago o firma de la letra de cambio.

Credit cards (ver 8.1.2).

Documentary credits (Créditos documentarios) Emitidos por el banco del comprador dando información sobre la mercancía, la cantidad y tipo de crédito (revocable/irrevocable) y su duración, documentos de seguro, transporte, etc. La carta de crédito garantiza que el banco emisor pagará el importe dado antes de una fecha determinada al presentarla firmada y junto con los documentos de envío.

Eurocheques Emitidos por el banco británico donde está la cuenta. Pueden extenderse en la moneda del país al que van a enviarse. Con la tarjeta *Eurocheque* se puede retirar dinero nacional en cada país cuando se viaja. Una lista de lugares que ya ofrecen este servicio se obtiene del banco emisor en Gran Bretaña. Los *Eurocheques* también son válidos en el Reino Unido. Con ellos se puede obtener efectivo en los bancos, y los aceptan tiendas, hoteles, garages, etc., en 39 países europeos. El símbolo azul y rojo EC indica que el establecimiento es parte del programa *Eurocheque*.

International banker's draft Cuando el comprador tiene un acuerdo con, o una cuenta en el banco del proveedor, compra un cheque del banco y se lo manda al proveedor.

International Giro Para transferir dinero de esta forma, no es necesario que el comprador o el vendedor tengan cuenta bancaria. El proveedor recibirá un cheque por correo en la moneda de su país.

□ 8.2 Pagos

8.2.1 Instrucciones al banco

Please transfer the equivalent in sterling of (cantidad) to (nombre del banco) in favour of (nombre de la empresa o persona) debiting it to our account.

Please would you send the enclosed draft on (nombre de la empresa) and documents to the (nombre del banco) and instruct them to release the documents on acceptance.

We are enclosing documents including the Bills of Lading, Invoice, insurance cover and certificate of origin to be surrendered to (nombre de la empresa) against payment of (cantidad).

You will shortly be receiving a bill of exchange for (cantidad de dinero) and the relevant documents from (nombre de la empresa). Would you please accept the draft and forward the documents debiting our account.

Please open irrevocable documentary credit for (cantidad) in favour of (nombre de la empresa). Enclosed is the completed application form.

Please open an irrevocable credit of (cantidad) in favour of (nombre de la empresa) available to them until (fecha) payable against documents in respect of a shipment of (tipo de mercancía).

8.2.2 Información al comprador

As agreed we have forwarded our bill No . . . for (cantidad) with the documents to your bank (nombre del banco). The documents will be handed to you on acceptance.

Enclosed please find bills in duplicate for collection with the documents attached.

The draft has been made out for payment 30 days after sight and the documents will be handed to you on acceptance.

We have drawn a sight draft which will be sent to (nombre del banco) and presented to you with the documents for payment.

Thank you for sending us the documents for our order No . . . We have accepted the sight draft and the bank should be sending you an advice shortly.

We have instructed our bank to arrange for a letter of credit for (cantidad) to be paid against your pro forma invoice No . . . The amount will be credited to you as soon as (nombre del banco) receives the documents.

We are pleased to tell you that your order No . . . has been shipped on (barco) due to arrive in (lugar) on (fecha). The shipping documents, including the bill of lading, insurance policy, certificate of origin and consular invoice have been passed to (banco) and will be forwarded to your bank who will advise you.

The bill of exchange No . . . was returned to us from our bank today and marked 'Refer to Drawer'. As the bill was due 5 days ago we can only assume that it has been dishonoured. We shall present it to the bank again on (fecha) by which time we hope that the draft will have been met.

A cheque drawn by you for the amount of (cantidad) has been returned to us by our bankers marked 'Words and figures differ'. The cheque is enclosed and we should be glad to receive a corrected one.

8.2.3 Información al proveedor

Por parte del comprador:

We have instructed our bank (nombre del banco) to open an irrevocable letter of credit for (cantidad) in your favour. This should cover transport, shipment and bank charges and is valid until (fecha).

We have instructed (nombre del banco) to open an irrevocable letter of credit in your favour which will be valid until (fecha). The bank will accept your draft on them at (número) days for the amount of your invoice.

Por parte del banco:

Enclosed is a copy of the instructions we received yesterday from (nombre del banco) to open an irrevocable letter of credit in your favour for (cantidad) which is available until (fecha). As soon as you provide evidence of shipment, you may draw on us at 60 days.

We have received instructions from (nombre del banco) to open an irrevocable letter of credit in your favour which will be valid until (fecha). You are authorized to draw a (número) days' bill on us for the amount of your invoice after shipment is effected. We shall require you to produce the listed documents before we accept your draft, which should include all charges.

8.2.4 Pagos demanda

Enclosed is our invoice amounting to . . .
a statement of your account.
our monthly statement.
the pro-forma invoice No . . .

We should be grateful if you would forward your remittance in settlement of the enclosed invoice.

The shipping documents will be delivered against acceptance of our draft.

As arranged, we are attaching our sight draft on you for (cantidad) to the shipping documents and are forwarding them to our bank.

8.2.5 Pagos

Enclosed is our bank draft for (cantidad) as payment on pro-forma invoice No . . .

In payment of our account, we enclose a draft on . . .

In settlement of your invoice No . . . we enclose a draft which at today's rate of exchange is equivalent to . . .

We have pleasure in enclosing your bill of exchange for . . .

We have arranged payment of . . . (cantidad) through the . . . Bank (banco) in settlement of . . . (factura).

You may draw on us at sight for the amount of your invoice.

Enclosed is your accepted bill of exchange for . . .

8.2.6 Solicitud de facilidades de pago

As we have now been trading for some time, we should be grateful if you would consider allowing us to have open account facilities to allow us to settle our accounts on a monthly basis.

We intend to place substantial orders with you in the near future and we should like to know what credit facilities your company offers.

As we have always settled promptly with you in the past, would you let us know if we could settle future accounts on quarterly terms with payments against statements.

As we have been dealing with one another for some time, we should like to be allowed open account facilities. Of course we can supply references.

8.2.7 Para pedir referencias

Acompañando a su primer pedido, un nuevo cliente suele enviar los nombres de otras empresas con las que ya ha tratado, o el de su banco, como referencia.

1. Demanda de información general sobre un futuro comprador:
   (Nombre de la compañía) wish to open an account with us and have given your name for a reference. We should be grateful if you would supply us with information about the firm's standing.
2. Demanda de información sobre la puntualidad en atender los pagos:
   While we are confident of their ability to clear their accounts, we should like confirmation that their credit rating warrants quarterly settlements of up to (cantidad).
3. Indicar la confidencialidad de la información dada:
   It is hardly necessary to add that any information you supply will be treated in the strictest confidence.
4. Adjuntar un sobre con señas:
   Enclosed is a self-addressed envelope and we should be grateful for an early reply.

8.2.8 Informes favorables

We have contacted (nombre de la empresa) and they confirm they want us to act as referees on their behalf.

The firm is well known to us.
has been a regular customer of ours for (tiempo).
has been established here for (tiempo).
has been doing business with us for (tiempo).

They have always paid their accounts promptly on the due dates.

We would not hesitate to grant them the credit facilities you mention.

8.2.9 Informes desfavorables

Cuando el informe es desfavorable, es importante no mencionar el nombre de la empresa para evitar acciones legales por difamación:

In reply to your letter of (fecha) we would advise some caution in your dealings with the firm you mention.

The company mentioned in your letter of (fecha) have not always settled their accounts on time and the amounts involved have never been as high as the sum mentioned in your letter.

Indicar siempre al solicitante que la información es confidencial y que el redactor no aceptará responsabilidad alguna por ella:

This information is given in the strictest confidence and without responsibility on our part.

8.2.10 Denegación de crédito

Thank you for your order of (fecha). As the balance of your account now stands at (cantidad), we hope you will be able to reduce this before we can offer you credit on further supplies.

Although you have been doing business with us for some time now, we are not in a position to offer credit facilities to any of our customers because of our small profit margins. I hope you will understand our position and hope we can continue to supply you with (mercancía).

8.2.11 Confirmación de pago

Our bank has told us that the amount of your letter of credit has been credited to our account.

We acknowledge with thanks your draft for invoice No . . . Thank you for your prompt payment.

8.2.12 Disconformidad de facturas

On checking your invoice No . . ., we find that our figures do not agree with yours.

You have omitted to credit us with the agreed discount on invoice No . . .

It seems you have charged for packing which we understood was covered in your original quote.

The charge for delivery seems rather high.

8.2.13 Correcciones

Thank you for drawing our attention to the error in our invoice of (fecha).

Please find enclosed our amended invoice.

You are correct in assuming a . . .% discount on large orders. As your order did not exceed . . . units, we are afraid that this discount cannot be allowed.

We are afraid there seems to be some misunderstanding as we specified that our quotation did not include the cost of packing. This cost has been itemized separately on the invoice.

8.2.14 Reclamación de pago

Primera reclamación:

May we draw your attention to our invoice of (fecha). As we have not yet received your payment, we should be grateful if you would send your remittance as soon as possible. If you have already sent the required amount, please ignore this reminder.

Our invoice was sent to you on (fecha). A copy is enclosed. As no advice of payment has been received from our bank, we should be glad if you would arrange for it to be settled.

We are writing concerning your outstanding account of (fecha). As the account has not yet been cleared, could you please forward your remittance as soon as possible.

Segunda reclamación:

Enclosed is a statement of your account with us. We feel sure that its settlement has been overlooked, but as this is the second reminder, we must insist that payment be made within the next seven days.

We wish to remind you that our invoice No. . . . dated (fecha) is still unpaid and ask you to give the matter your immediate attention.

We were sorry not to have received a reply to our letter of (fecha) reminding you that our draft against invoice No . . . has not been accepted yet. We must request payment of the amount due without further delay.

We wrote to you on (fecha) asking for payment of invoice No . . . As we are reluctant to put this matter in the hands of our solicitors, we are offering you a further ten days to settle the account.

Ultima reclamación:

We had hoped that your January account would have been cleared by now. We sent reminders and copies of your statement in February and March asking you to clear the balance. Unless we have received your remittance within seven days, we shall hand the matter to our solicitors.

We have written to you twice on (fecha) and on (fecha) to remind you of the outstanding amount on our invoice No . . . which is now three months overdue. As we have not received any reply from you, we shall have to take proceedings unless payment is received within the next seven days.

8.2.15 Aplazamiento de pago

We are sorry we have not been able to clear our overdue account. Unfortunately the consignment has not yet been sold owing to a new government regulation requiring us to modify our assembly plant. Could you possibly allow us . . . days to clear the account?

We apologize for not replying to your letter of (fecha) requesting us to settle our overdue account. As we are temporarily in financial difficulties, we should be most grateful if you would allow us a further (número) days.

I am sorry to tell you that I will not be able to pay the full amount on your invoice No . . . I should be most grateful if you would accept part payment immediately and the remainder to be paid over the next (número) months.

8.2.16 Respuesta a la demanda de aplazamiento

We were sorry to hear of your present difficulties. Under the circumstances we are prepared to allow you a further (número) weeks in which to settle the account.

We understand your position but our circumstances do not allow us to wait any longer for payment. We have instructed our solicitors to recover the amount but if you have any suggestions to make please get in touch with us immediately.

□ 8.3 Ejemplos de correspondencia

Mensaje vía fax solicitando al comprador que abra una letra de crédito e informándole de la fecha de envío:

> Dear Sir
>
> Order S/C No 464960
>
> Please open L/C for the above order as soon as possible to avoid any delay in shipment. Please also advise us of the L/C No.
>
> The goods will be shipped by "Luna Maersk" on 12 June.
>
> Please confirm by fax your most recent order No S/C 464987 so we can proceed.
>
> Yours faithfully

Telex para informar al proveedor que ha sido tramitada una carta de crédito:

> ATTN PERRY
>
> L/C FOR USD 47 235.60 SENT VIA LLOYDS BANK, AYLESBURY TO LLOYDS BANK, TAIPEI AS PREVIOUSLY. L/C NUMBER IS IMP 1/2044/A.

Carta para informar a un cliente que su crédito ha sido cancelado:

> Dear Mr Palmer
>
> It has been brought to our attention that our Accounts Department are experiencing continual problems with obtaining prompt payment of our invoices; it appears that you are taking more than three months credit from the date of our invoice when our terms are clearly 30 days net. We, therefore, regret that all future orders from your company will only be delivered on a Cash Against Documents basis.
>
> Yours sincerely

9 Reclamaciones y disculpas

□ 9.1 Formular una reclamación

Las reclamaciones deben hacerse de manera clara, pero siempre evitando un lenguaje exaltado o insultante (ver también Sección A 3.5 sobre el tono correcto de una carta comercial).

Palabras exaltadas		**Mejor utilizar**
We are	disgusted	*surprised*
	infuriated	*inconvenienced*
	outraged	*dissatisfied*
	shocked	
	annoyed	
It is	disgraceful	*regrettable*
	scandalous	
	shameful	

9.1.1 Indique a qué se refiere

I am writing with reference to . . .
With reference to . . .
Yesterday we received order No . . .

9.1.2 Exposición del problema

We were surprised to find that the complete order was not delivered.
We found that parts . . . were missing.
I found the service was not up to the usual standard.
We have not yet received the goods.

9.1.3 Sugerencias de soluciones

Under the terms of the guarantee, we should be most grateful if you would send a replacement.
If you could deduct £ . . . from our next order, we feel this would settle the matter.
We shall return the consignment as soon as we hear from you.
We must ask you to replace the damaged goods.
Please credit us with the value of the returned goods.
We are prepared to keep the goods at a substantially reduced price.

9.1.4 Explicaciones

The goods were delayed as they were sent to our previous address.
The account sent to us was for a Mr T James and our account name is T W James.
The consignment was not labelled according to our instructions.
The printer was inadequately packed and the automatic feed appears to be jammed.

□ 9.2 Respuesta a una reclamación

9.2.1 Acuse de recibo de una reclamación

We have received your letter of (fecha) telling us that . . .
Thank you for your letter of (fecha) informing us that . . .
telling us that . . .
We were sorry to hear that . . .
I was extremely sorry to learn from your letter of (fecha) of the problems you have experienced with . . . you recently purchased from us.

9.2.2 Explicación de lo que se está haciendo

We have started enquiries to discover the cause of the problem.
an investigation
We have taken the matter up with the forwarding agents and shall inform you of the results.
Having investigated the cause of the problem we have found that the mistake was made because of an accounting error.
Unfortunately our packers were not aware of the special instructions for packing this consignment but we have now taken steps to prevent such a misunderstanding in future.
We have asked the Chief Steward on that flight to make a full report of the incident.
I have made arrangements for our service engineer to contact you as soon as possible, so that he may call to inspect the . . . Once the goods have been inspected and proved to be defective, he will be pleased to supply a replacement.

9.2.3 Soluciones

The error has been adjusted on our computer and the problem will not be repeated.
Enclosed is a credit note to cover the value of the goods.
Any damage occurring in transit is the responsibility of the carrier and we have reported the matter to the carriers in question.
Please retain the crate and the damaged items for inspection by our representative.

9.2.4 Disculpas

We are sorry if this delay has caused any inconvenience. We are confident that such an unfortunate misunderstanding will not happen again.
We have been supplying high-quality china for over 15 years and are confident in our ability to provide an excellent service. We hope that this problem will not deter you from buying from us in the future.
Please accept our apologies for the problems caused by this error. We can assure you that this particular fault is rare and is very unlikely to recur.

□ 9.3 Ejemplos de correspondencia

Reclamación:

Dear Mr Clifford

Order No 2235

We have just received a consignment of 400 Dune wallets although our order was for Oasis.

It appears there must have been some misunderstanding.

We shall return the consignment for replacement. Please credit our account with the shipping costs.

Yours sincerely

Respuesta:

Dear Mr Sykes

Order No 2235

We were sorry to learn from your letter of 14 March that the wrong goods were sent.

If convenient, we should like you to keep the Dune wallets as our agent Mr Ross, will contact you to arrange for their collection. Should you decide to keep them, we can allow 45 days net for payment instead of our usual 10 days.

The Oasis wallets have been airfreighted today through Danzas.

We apologise for the delay in delivery and the inconvenience caused.

Yours sincerely

10 Asuntos varios

□ 10.1 Hospitalidad

10.1.1 Ofrecimiento de hospitalidad y ayuda a un visitante

We are delighted to hear that you are planning to visit next month. It is a pity your wife cannot join you – perhaps next time.
As this is your first visit here, we hope you'll have time to do some sight-seeing which we'll be happy to arrange for you.
When the dates are confirmed, please let us know so that I can make hotel arrangements. I can meet you at the airport and take you to the hotel.
We are looking forward very much to seeing you here.

10.1.2 Agradecimiento por la hospitalidad

Thank you for all your help and hospitality during my recent visit. My stay was invaluable and I am most grateful for all the visits you arranged as well as the information and contacts I was able to gain. I hope I can return your kindness in the near future.

10.1.3 Presentación de un socio

The bearer of this letter is (nombre) and he is (profesión) who is visiting (lugar) to establish contacts in (tipo de negocio).
You may remember that we wrote to you about his/her visit. We should be grateful if you would introduce him/her to some of your associates.
We should be delighted to reciprocate your co-operation at any time.

10.1.4 Invitación formal

Escrita en tercera persona, sin encabezamiento ni despedida, etc:

The Chairman and Directors of (nombre de la empresa) request the pleasure of (nombre del invitado)'s company at a dinner to be held at (lugar) on (fecha) at (horas).
Evening dress

RSVP
(señas)

10.1.5 Respuesta a una invitación formal

(Nombre) thanks the Chairman and Directors for their kind invitation to the dinner on (fecha) which they have much pleasure in accepting / which they are unable to accept owing to a previous engagement.

10.1.6 Invitación informal

My wife and I are having some friends over for dinner on (fecha) and we should be delighted if you could join us for the evening. We do hope you can come and are looking forward to seeing you.

10.1.7 Invitación informal adjunta a una carta

After the meeting my husband and I would like you to join us to go and see/hear (nombre del concierto, ópera, obra etc.). I've got tickets for the (hora) performance which would give us time to have something to eat before it starts.

10.1.8 Respuesta a la invitación

Thank you so much for your kind invitation. I should be delighted to join you on (fecha).
I'm looking forward to it.

Thank you very much for your kind invitation. I should have loved to come but as I have to be back in (lugar) on (día) I shall have to leave straight after the meeting. Perhaps we can arrange to spend some time together on my next trip over.

□ 10.2 Citas

10.2.1 Concertar y confirmar citas

I am planning to be in (lugar) next month, and was wondering if we could arrange a meeting to discuss (tema). Perhaps I can phone you when I arrive to fix a date.

I am writing to confirm our telephone conversation this morning. We shall meet at your office on (fecha) at (hora). I am looking forward to seeing you again and finalizing the details on the contract.

10.2.2 Cancelación de citas

As I explained on the phone this morning, I am sorry that I will not be able to keep the appointment I made for (fecha). Unfortunately I have to deal with a problem which has arisen in our New York office. I apologise for the inconvenience this must cause you and I shall get in touch as soon as I return to London.

□ 10.3 Reservas

10.3.1 Concertación y confirmación de reservas

Hotel:

This is to confirm our phone call this morning in which I booked a single room for two nights from 14–16 May in the name of (nombre). Enclosed is a Eurocheque for (valor) as deposit.

Your hotel has been recommended to me by (nombre) who regularly stays with you. I should like to book a double room with en suite bathroom from 15–17 September inclusive.

Would you please let us know if you have available 12 single rooms from (fecha) to (fecha). We intend to hold our annual refresher course at this time and would also require conference facilities. I should be grateful if you could let us know if you can accommodate us and send details of your terms as soon as possible.

My wife and I intend to spend three days in (lugar) arriving on (fecha). Please let me know if you could reserve a double room with a private bathroom. Could you also send details of your charges.

Viajes:

I want to fly to (lugar) on (fecha) returning on (fecha). If no flights are available on that date, please let me know the first available dates.

I should like to reserve a seat on the flight to (lugar) from (aeropuerto) on (fecha) and returning on (fecha).

To confirm our telephone conversation this morning, would you please book a return ticket on the Dover–Ostend car ferry in the name of (nombre) for (fecha). (Nombre) will be travelling with his car, a (marca de coche). He will confirm the date of his return journey in France.

Please book a tourist class cabin for (nombre) to (lugar) sailing on (fecha). If there are no places available, please let me know what alternatives you can offer.

I am planning a business trip to the north of England in March and I am interested in hiring a self-drive car for approximately two weeks. Would you please forward your rates and the availability of a small hatchback from (fecha) to (fecha).

□ 10.4 Cartas de condolencia y pésame

10.4.1 Enfermedad

We are all so sorry to hear that you have been so ill.

I only heard about it this morning when I phoned your office. I understand you are over the worst and hope to be back at work next month.

All of us in the office are relieved to learn that you are making such good progress and we all send our best wishes for a speedy recovery.

10.4.2 Pésame por la muerte de un socio

We were deeply sorry to hear about (nombre)'s tragic death. The news shocked us all particularly after seeing her so recently and in such good health.

I know she will be greatly missed by all your staff and I shall certainly miss the integrity and good humour that characterized all her business dealings.

Would you be so kind as to pass on our condolences to her husband and family.

10.4.3 Agradecimiento de pésame

I should like to thank you for your kind letter of condolence on (nombre)'s death.

We have all been comforted by the kind letters we have received. All who knew (nombre) had many good things to say about her and this proof of the affection and esteem in which you held her has helped us through this difficult time.

□ 10.5 Felicitaciones y enhorabuenas

10.5.1 Ascensos

I am writing to send you my warmest congratulations on your recent appointment as (puesto de trabajo). We are delighted that your hard work and initiative have been recognized in this way and we can truly say we know of no one who deserves this post more than you.

We wish you every success.

10.5.2 Nacimientos

We heard on phoning your office this morning that you are the proud father of a baby boy/baby girl. We all send you and your wife our congratulations and we hope you will accept this small gift to show how pleased we are for you.

□ 10.6 Solicitud de empleo

I should like to be considered for the post of (título) as advertised in (nombre del periódico/revista) of (fecha).

Since I entered the field of (tipo de trabajo) I have always had a high regard for your products and would be delighted to have an opportunity to work for your company.

Enclosed is my curriculum vitæ. I can make myself available for interview at any time.

□ 10.7 Ejemplos de correspondencia

Carta confirmando una cita hecha por teléfono:
Nota: on (fecha) at (hora) at/in (lugar)

> Dear Roberta
>
> Following my telephone call yesterday, I am writing to confirm our appointment at 3.00pm on Thursday 30 January at your office.
>
> I look forward to seeing you again then.
>
> Yours sincerely
>
> Daphne White

Telex para agradecer a un proveedor la hospitalidad brindada (ver Sección B 2.2, 2.3, 2.5 sobre telex):

> ATTN: ALL FUNMAKER STAFF
>
> ARRIVED SAFELY THIS MORNING AFTER MY ENFORCED HOLIDAY IN HONGKONG THANK YOU FOR YR KIND HOSPITALITY WHICH MADE MY VISIT SPECIALLY MEMORABLE
> THANKS AGAIN
>
> BEST REGARDS
>
> SVE CONSTABLE

Nota: El remitente emplea la palabra forzado (enforced) porque su vuelo sufrió un retraso.

Télex para fijar un encuentro con un proveedor:

> ATTN PERRY
>
> THNKS FOR YR TLX. I LOOK FORWARD TO SEEING U AGAIN AT MUNICH. INSTEAD OF SENDING THE FREIGHT TO US BY TNT SKYPACK, CAN U BRING IT TO MUNICH N I WILL COLLECT IT FROM U THERE. I WILL BE IN GERMANY FROM 29 AUG ONWARDS SO PLS ADV YR HOTEL N PHONE NO SO I MAY CONTACT U.
> DO U HV A BOOTH AT ISPO? IF U HV PLS ADV HALL N BOOTH NO N I WILL MEET U THERE.
>
> BR
> ADRIAN
> FACER

Nota: TNT SKYPACK es una compañía de transporte aéreo
ISPO es una feria comercial

Telex anunciando un seminario:

THIS TELEX IS TO INVITE YOU TO A SEMINAR ON . . . TO BE HELD AT THE CONNAUGHT ROOMS LONDON. THE THEME FOR THE DAY WILL BE . . . AND THE SPEAKERS WILL BE:

(NOMBRES) (TITULOS)

THE PROGRAMME FOR THE SEMINAR WILL BE AS FOLLOWS:–

12.30 FOR 13.00	LUNCH
14.00	PANEL DISCUSSION
16.00	FINAL SEMINAR
17.30	MEETING CLOSES

ALL DELEGATES ARE INVITED TO SEND QUESTIONS ON THE RELEVANT THEME WHICH WILL BE VETTED BY THE SUB-COMMITTEE BEFORE PRESENTATION BY THE CHAIRMAN TO THE PANEL.

THE COST OF THE MEETING WILL BE £25.00 PER HEAD.

CONTACT: (NOMBRE, DIRECCION Y TELEFONO)

SECCION B: COMUNICACIONES COMERCIALES

1 El teléfono

□ 1.1 Números y letras por teléfono

1.1.1 Números de teléfono

Los números de teléfono, en inglés, se indican en pares comenzando por la izquierda:
458974–four five, eight nine, seven four
El O se pronuncia oh*: 4303–four three, oh three
Si dos cifras iguales se encuentran en el mismo grupo, se antepondrá la palabra double a la cifra, si no están en el mismo grupo se indicarán separadamente:
880824–double eight, oh eight, two four
800192–eight oh, oh one, nine two
Si el número de teléfono tiene tres, cinco o siete cifras, conviene hacer una pausa después del primer número:
3759792–three, seven five, nine seven, nine two
Todos los números de teléfono en Inglaterra tienen un prefijo que es el código de la zona. Los códigos están al principio de las guías telefónicas. Todos los números de Londres empiezan con 01 si se llama desde fuera de la zona. En el membrete de una empresa, el prefijo suele aparecer o con el nombre o con el número que le corresponde, por ejemplo: Hastings 34529 ó (0424) 34529. Si se llama desde la misma zona, no hay que marcar el prefijo, es decir, si se llama desde Hastings se marcará sólo 34529.
En los EE.UU.:
415-224-4531 – código de zona: four one five, número: two two four, four five three one

1.1.2 Otros números

Compruebe que sabe cómo decir otros números y medidas:

¼ a quarter	25%	twenty-five percent	0.25 (nought) point two five
⅓ a third	33⅓%	thirty-three and a third percent	0.33 (nought) point three three
½ a half	50%	fifty percent	0.5 nought point five or point five
⅔ two thirds	66%	sixty-six percent (approximately)	0.66 (nought) point six six
¾ three quarters	75%	seventy-five percent	0.75 (nought) point seven five

Decimales: los decimales, tanto en Gran Bretaña como en Norteamérica, se

* No tratándose de números de teléfono, el cero se llama *nought*.

escriben con un punto después del cero (no una coma). El punto se llama point y los números que siguen se leen o pronuncian como números separados.

Fracciones: en inglés, las fracciones más comunes tienen nombres especiales:

¼ a quarter/one quarter
½ a half/one half
¾ three quarters

Todas las demás fracciones se dicen con los números ordinales: 1⁄16 – a sixteenth/one sixteenth, 2⁄10 – two tenths.

Escritos	Hablados
100	one hundred
101	one/a hundred and one
165	one/a hundred and sixty five
1,000	one/a thousand
1,005	one/a thousand and five
1,050	one/a thousand and fifty
1,305	one thousand, three hundred and five
10,000	ten thousand
10,001	ten thousand and one
10,050	ten thousand and fifty
10,302	ten thousand three hundred and two
10,312	ten thousand three hundred and twelve
100,000	one hundred thousand
1,000,000	one/a million
1,000,000,000	one thousand million (UK) a billion (US)
1,000,000,000,000	a billion (UK), a trillion (US)

Progresivamente se va aceptando en el Reino Unido el billón Americano (1,000,000,000). El millar europeo corresponde a mil millones.

1.1.3 La hora

El sistema de 12 horas:

Nota: am – antes del mediodía = mañana
pm – después del mediodía = tarde

Escrita	Hablada	EE.UU.
9 am	nine o'clock / nine am	
9 pm	nine o'clock / nine pm	
9.05	five past nine	five after nine
9.10	ten past nine	ten after nine
9.15	quarter past nine / nine fifteen	quarter after nine
9.20	twenty past nine / nine twenty	twenty after nine
9.30	half past nine / nine thirty	
9.35	nine thirty five / twenty five to ten	
9.40	nine forty / twenty to ten	

9.45	nine forty five / quarter to ten
9.50	nine fifty / ten to ten
9.55	nine fifty five / five to ten
9.37	twenty three minutes to ten / nearly twenty to ten
9.04	four minutes past nine / nearly five past nine

El sistema de 24 horas:

		Se escribe	Se dice
Morning	9 o'clock =	0900 hours	oh nine hundred (hours)
	10 o'clock =	1000 hours	ten hundred (hours)
	10.45 am =	1045 hours	ten forty five
		1300 hours	thirteen hundred (hours)
		2100 hours	twenty one hundred (hours)
		2215 hours	twenty two fifteen

Afternoon	desde las 12 hasta las 16.30
Evening	desde las 17 hasta la hora de acostarse
Night	desde la hora de acostarse hasta la mañana

Las oficinas en el Reino Unido están abiertas desde las 9 hasta las 17.30 (ver Sección C 1.4.4). Para llamar por teléfono recuerde la diferencia de hora (Sección C 4.3).

1.1.4 Fechas

Poner primero el día, después el mes.
23/10/89 – the twenty third of October nineteen eighty nine
Tenga cuidado con las fechas americanas:
9/11/89 EE.UU. – the eleventh of September nineteen eighty nine
9/11/89 RU – the ninth of November nineteen eighty nine

1.1.5 Alfabeto telefónico

Para deletrear conviene usar el código oficial, especialmente útil cuando se trata de letras fácilmente confundibles en inglés como M/N, B/V, etc, y cuando son palabras poco comunes o extranjeras.

Letra	Pronunciada	Código de RU	Código de EE.UU.
A	ɛɪ	Alfred	Alfa
B	bi:	Benjamin	Bravo
C	si:	Charlie	Charlie
D	di:	David	Delta
E	i:	Edward	Echo
F	ɛf	Frederick	Foxtrot
G	dʒi:	George	Golf
H	ɛɪtʃ	Harry	Hotel
I	aɪ	Isaac	India

J	dʒɛɪ	Jack	Juliette
K	kɛɪ	King	Kilo
L	ɛl	London	Lima
M	ɛm	Mary	Mike
N	ɛn	Nellie	November
O	əʊ	Oliver	Oscar
P	pi:	Peter	Papa
Q	kju:	Queen	Quebec
R	ɑ:	Robert	Romeo
S	ɛs	Samuel	Sierra
T	ti:	Tommy	Tango
U	ju:	Uncle	Uniform
V	vi:	Victor	Victor
W	dʌblju	William	Whisky
X	ɛks	X-Ray	X-Ray
Y	waɪ	Yellow	Yankee
Z	zɛd (RU)	Zebra	
	zi: (EE.UU.)		Zulu

☐ 1.2 Malentendidos en inglés hablado

Muchos malentendidos se deben a equivocaciones de énfasis en la pronunciación de las palabras. Por eso es muy importante aprender el *énfasis* de una nueva palabra aparte de su acentuación, ortografía, y función gramatical. En los diccionarios hay una marca vertical antes de la sílaba acentuada, por ejemplo: un'helpful.

Poca gente consigue entender una palabra mal acentuada.

Un 30% de las palabras no llevan énfasis, por eso suenan suaves. En la frase siguiente sólo las sílabas subrayadas se pronuncian claramente:

Would you <u>like</u> to speak to his secretary?

Como las sílabas sin énfasis se pronuncian con menos claridad, parece que los ingleses se tragan las palabras.

Los ejemplos a continuación son palabras que no se acentúan:

Preposiciones: at, to, from, for, on, under, by

Formas verbales auxiliares: be, been, am, is, are, were, have, has, had, do, does, will, would, can, could

Pronombres: me, he, his, she, we, us, you, your, them

Artículos: a, an, the

Conjunciones: and, but, that

Estas palabras casi siempre se pronuncian suavemente, lo que crea los siguientes problemas:

1. A un extranjero que pronuncia todas las palabras con claridad, no se le entiende.
2. Los extranjeros opinan que los ingleses no hablan claro.

3. Al estudiar inglés hay que aprender a entender las palabras que se pronuncian con menos énfasis.

La comprensión es aún mas difícil por teléfono, ya que sólo se oyen las palabras mas enfáticas:

I'm sorry. I seem to have a *really bad line*. I can't *hear* you *very well*.

Intente entender un recado telefónico, o una conversación en inglés, fijándose en la entonación de las frases.

□ 1.3 Hablando por teléfono

1.3.1 Cómo preguntar por alguien

Saludo:
Vd oye . . .
(Compañía) Good morning/afternoon
(Compañía) Can I help you?

Preguntar por alguien:
Vd dice . . .
May I speak to (nombre) please?

May I speak to someone in the . . . Department, please?
Extension . . . please.
Good morning/afternoon. I'd like to speak to someone who deals with . . .

Si comunica con un número equivocado:

Vd dice . . .
I'm sorry. I've got the wrong number.

Si le comunica la operadora:
Vd oye . . .
I'm just putting you through.
One moment please.
Hold the line please.
The line's ringing.
Please wait a moment for your connection.

Vd dice . . .
Thank you.

La persona no está disponible:
Vd oye . . .
The line's engaged. Would you like to hold?

Vd dice . . .
Yes, thank you.

Can you hold? The line's busy.
I can't get hold of . . . at the moment.
If you'd like to hang on a second, I'll try again.

It's all right, I'll call back later.
Can I leave a message? I'm (nombre sin, Sr. Sra. etc.) from (empresa) in (lugar). Can you tell . . .

Well, I'm calling from Italy. Would you ask (nombre) to call me when she's free? She's got my number.

Para dejar un recado:

Vd oye . . .

I'm sorry, Mr . . .'s not in the office at the moment. Do you want to leave a message or shall I get him to call you back?

I'm sorry, Mr . . .'s in a meeting.
is on holiday.
isn't in his office.

Would you like to speak to someone else?

Vd dice . . .

It's all right. I'll call back later.

Can you ask Mr . . . to call me before three today? This is (nombre) from (empresa).

Can you put me through to someone who is dealing with . . .?

Could I speak to Mr . . .'s secretary?

Is there anyone else who can . . .?

Can you tell him (nombre) called and that I'll call back later.

1.3.2 Llamadas al servicio de información telefónica

Marque el 192 o 142 para Londres. (Ver también Sección C 4.2).

Operadora:	**Usuario:**
Directory Enquiries. Which town:	Wolverhampton
What name?	Bartons.
Partons?	No, Bartons. B for Benjamin.
Bartons, and the initials?	I don't know. It's a company and the address is 18 Queens Square.
It's three nine double seven oh four.	Three nine double seven oh four.
	Thank you. And could you tell me the code for Wolverhampton?
Oh nine oh three.	Thank you.

1.3.3 Llamando por teléfono

Para presentarse:

This is (nombre, sin. Sr. Sra., etc.) from (compañía).

I'm speaking on behalf of (empresa).

Razón de la llamada:
I'm calling about our . . .
It's about . . .
I'm calling in connection with . . .
To save time I thought I'd give you a call about . . .
(Nombre) of (compañía) gave me your name and said you could help me with . . .

Cuando no se oye bien:
Sorry?
I'm sorry. I didn't quite get that.
The line's really bad. Could you say that again?
I'm afraid I didn't catch what you said.
I didn't catch that last point. Would you mind just saying that again?

Cuando no entiende:
I'm afraid I don't understand what you mean.
I'm sorry. I don't quite understand.
Could you explain that again? I didn't quite get you.

Para confirmar que entendió:
Yes.
I see.
Right.
OK.

Para asegurarse que aún está en línea:
Hello? Are you still there?
Can you hear me still?

Para indicar que transmitirá el mensaje:
I'll make sure Mr . . . gets your message
I'll pass on your message to Mr . . .

Para no comprometerse:
Can I ring you back on that?
I'd rather talk to Mr . . . about it before we make a final decision.
I'm afraid we need more information.

Para conseguir información:
Am I talking to the right person for marketing information?
Could you put me through to someone who deals with marketing?
Could you tell me who deals with marketing?
And who am I speaking to please? (Dígalo después de recibir la información).
I wonder if you can help me. I need a list of agents who deal with . . .
I'd like a copy of your catalogue, please.
Is it possible to get a range of samples?

1.3.4 Citas

A:	B:
Do you think we could arrange a meeting?	A good idea. I have to be in London soon anyway.
I think we need to meet and discuss this further.	Fine. When, though?
How are you fixed next week? How about Thursday? Would Thursday suit you? Would Thursday be all right?	Thursday's no good, I'm afraid.
Would you be able to make it next Thursday?	I can't make it then. No, sorry. Thursday's not possible.
What about Friday?	Friday's clear.
Friday'd be fine. Shall we say ten thirty?	I can't manage the morning. What about the afternoon? Say two o'clock?
Let's say Friday then. What time would be best for you?	I'm tied up in the morning but I'll be free after lunch.
See you on Friday at two then. At your office.	
Till Friday then.	Till Friday then. Friday at two. Fine.

Para anular una cita:

I'm sorry I can't make our meeting.

Something's cropped up.

I'm sorry but I'm going to have to postpone our meeting. I can't get over to London until next month.

Could you tell Mr . . . that Mr . . . is very sorry but he has to change his appointment on the (fecha). He'll be in touch himself as soon as he can.

Mr . . . asked me to contact you to let you know that he can't make it on the (fecha). Unfortunately he has to attend an urgent meeting in the States. He'll contact you on the (fecha) when he gets back.

□ 1.4 Inglés hablado en otras situaciones

1.4.1 En la recepción

Ah Mr Smith. Mr Jones is expecting you.
Good morning/afternoon Sir/Madam. Can I help you?

May I have your name Sir/Madam?

Who would you like to see?
Do you have an appointment?

I'm sorry. I didn't catch your name.
Your name again Sir/Madam?

Would you like to take a seat for a moment? Mr Jones won't be long.
Please take a seat for a moment. Mr Jones is on his way.

Can I get you some tea or coffee? How do you like it?
Nota: Would you like a drink? (por lo general se refiere a una bebida alcohólica)

1.4.2 Conversaciones triviales

How was your journey?
flight?
Did you have a good crossing?
trip?

Where are you staying?
How's your hotel?
Is your hotel all right?
Have you booked into a hotel yet?
Can I book you into a hotel?
Have you been here before?
How do you like . . .?
There's a wonderful Chinese restaurant not far from your hotel.
You've come at a good time. The Music Festival is on this week.
I hope you have time to do some sight seeing.
You'll have to make time to visit the Fuller's Arms. They do wonderful food.

Para presentar a otra persona:
Mr Jones, I'd like you to meet Mr Smith.
May I introduce Mr Smith?
Have you met Mr Smith?
Respuesta: How do you do? / Pleased to meet you.

Para presentarse a uno mismo:
I don't think we've met before. My name's John Smith.
May I introduce myself? I'm John Smith.
Respuesta: How do you do? I'm Mary Jones. Pleased to meet you.
Nota: Ver Sección C 2.6

Invitaciones:
Would you like to join me for lunch?
I was wondering if you'd like to join me for dinner?

Aceptar: That would be very nice.
That's very kind of you.
Thank you. I'd love to.

Rehusar: I'd love to but I can't.
That'd be nice but I'm afraid I can't this time.
I'm sorry I can't. Perhaps another time?

Sugerencias:
How about lunch?
Let's go for lunch.
What about some lunch?

Agradecimentos:
Thank you for all your help.
Thank you for looking after me so well.
That was (really) delicious.
lovely.
wonderful.

Respuesta: Not at all.
That's all right.
It was a pleasure.
I'm glad you enjoyed it.

Cuando no entiende:
Could you explain that again for me please?
What does . . . mean exactly?
I didn't understand the bit about . . .
I'm not sure what you mean.
I'm afraid I don't follow you.

Para poner fin a una conversación:
Anyway I must go.
I'm afraid I must be going.
I really have to be off.
I'll have to go.
Well, I'll have to go.
If you'll excuse me, I have to go.
I'd better be going then.

Nota: *anyway* puede usarse para cambiar de tema, para reanudar el tema principal de la discusión y para finalizar una conversación. *Then* se usa, a menudo, al final de una frase para confirmar algo: two o'clock then; y al final de una conversación: See you then.

2 Telex

□ 2.1 Las ventajas del telex

En la actualidad el telex está sustituyendo a las cartas y en muchos casos también al teléfono.

Ventajas sobre las cartas:

Es más barato que ocupar a una secretaria en escribir una carta perfecta.

Es inmediato y proporciona un servicio permanente las 24 horas del día, puesto que la máquina puede recibir mensajes incluso cuando no hay nadie presente.

Cualquier equivocación puede ser corregida inmediatamente por el remitente.

Ventajas sobre el teléfono:

Los mensajes se pueden transmitir a cualquier hora sin tener que respetar las horas laborables o la diferencia de hora entre países.

El tiempo de transmisión es menor y más barato que el de una llamada telefónica.

La información telefónica puede ser malentendida.

En algunas circunstancias el remitente puede desear evitar el contacto personal, por ejemplo, en caso de malas noticias.

No se pierde tiempo en encontrar a la persona requerida.

El telex es un documento legal.

Una ventaja sobre ambos es el acuse de recibo automático (answer back) desde la otra terminal, que representa una garantía de recibo.

□ 2.2 Cómo escribir un telex

Un telex puede escribirse sin omisiones ni abreviaturas, pero generalmente se escribe como un telegrama.

Puede acortar el mensaje omitiendo palabras poco importantes.

Estas palabras son aquéllas que no influyen en el significado general y se llaman *function words*. Las siguientes palabras son las diez más comunes en inglés: the, of, and, to, a/an, in, is, I, it, that. En inglés, las cincuenta palabras más comunes son de este tipo (*function words*), por ejemplo: preposiciones, artículos, pronombres, conjunciones, auxiliares, etc.

En el mensaje siguiente estas palabras están subrayadas:

<u>OUR</u> ORDER NO P/S879/T ARRIVED <u>ON</u> MONDAY <u>BUT</u> I REGRET <u>TO HAVE TO</u> INFORM <u>YOU THAT</u> THREE <u>OF THE</u> CARTONS <u>WERE</u> DAMAGED

El mensaje se entiende perfectamente aún eliminando las *function words*:

ORDER NO P/S879/T ARRIVED MONDAY REGRET INFORM THREE CARTONS DAMAGED.

No debe eliminarse ninguna palabra que sea importante para la comprensión del mensaje:

PRICE INCREASE ON MARCH ELEVENTH TWO PERCENT

En este mensaje ON es esencial para la comprensión.

Puede escribir las cifras en palabras, no en símbolos. Esto es sumamente importante en casos como del Reino Unido, donde los decimales se escriben con un punto, mientras que en otros países europeos se usa una coma: Reino Unido – 0.75, Europa – 0,75 (ver Sección B1.1 sobre números y cifras). A menudo, los números importantes se repiten en palabras. Por ejemplo:
SELL 2000 TWO THOUSAND TX 910 PARTS AT 33⅓% THIRTY THREE AND THIRD DISCOUNT

□ 2.3 Abreviaturas para télex

Usar abreviaturas sólo si no hay duda que el destinatario las entiende.
Tipo 1 Abreviaturas corrientes:
Las que nunca se escriben completas. Por ejemplo: am, pm, NB, etc, ie.
Abreviaturas de fácil comprensión para quienes hablan inglés. Por ejemplo: dept, hrs, ref, Jan, Mon, approx, attn.

Tipo 2 Abreviaturas comerciales:
Por ejemplo: (Ver también *Abreviaturas* al final de esta parte del libro.)

B/L	bill of lading
B/E	bill of exchange
C/N	credit note
D/D	delivery date
D/I	date of invoice
L/C	letter of credit
O/N	order number
W/C	week commencing

Tipo 3 Abreviaturas internacionales de telex

ABS	Abonado ausente, oficina cerrada.
BK	Corto.
CFM	Confirmar por favor. / Confirmo.
COIL	Cotejar por favor. / Cotejo.
CRV	¿Recibe bien?/Recibo bien.
DER	Fuera de servicio.
DF	Está en comunicación con el abonado.
EEE	Error.
FIN	He acabado el mensaje.
GA	Puede emitir / ¿Puedo emitir?
INF	Abonado temporalmente no localizable. Llamar al servicio de información.
MNS	Actas.
MOM	Esperar. / Esperando.
MUT	Mutilado.
NA	No se admite correspondencia con este abonado.
NC	Sin circuito.
NCH	El número del abonado ha sido cambiado.

NP	La entidad llamada no es o ha dejado de estar abonada.
NR	Indique su número. / Mi número es . . .
OCC	Abonado ocupado.
OK	De acuerdo / ¿Está de acuerdo?
P* o O	Cierre la trasmisión.
PPR	Papel.
R	Recibido.
RAP	Volveré a llamar.
RPT	Repetir. / Repito.
SVP	Por favor.
TAX	¿Cuál es el precio? / El precio es . . .
TEST MSG	Por favor envíe un mensaje de prueba.
THRU	Está Vd. en comunicación con una central de telex.
TPR	Teleprinter.
W	Palabras.
WRU	¿Quién es?
XXXXX	Error.

Las correcciones se hacen tecleando cinco X. Ejemplo:
CONFIRM DETXXXXX DELIVERY.

Tipo 4 Abreviaturas inventadas por usuarios de telex:
Use estas abreviaturas para entender un telex, no para escribirlo.

ADV	comunicar
ASAP	lo más pronto posible
B	ser/estar
BAL	balance
BEG	comienzo
CLD/WLD	podía/podría
CONF	confirmar/confirmado/confirmación
DEL	entrega
DESP	enviado/enviar/envía
DTD	fechado
ETA	hora probable de llegada
FOLL	siguiente
INV	factura
MID	medio
MNY	muchos
N	Y
NXT	próximo/siguiente
OK	estar de acuerdo
POSS	posible
QTR	trimestre
QTY	cantidad
R	son
RECD	recibido

REQ	pedido/pedir
RES	reservas
RGDS	saludos
THS	este
TLX	telex
U	Vd.
WK	semana
YDY	ayer
YR	su

Cualquier palabra puede abreviarse, pero no se debe abusar de esta práctica demasiado para no dificultar la comprensión del mensaje. Muchas de las abreviaturas usadas en los cablegramas se usan también en los telex:

AWAIT	Estamos esperando/debe esperar . . .
IMPERATIVE	Es muy importante que . . .
LETTER FOLLOWS	Escribiremos confirmando este mensaje.
LOWEST	El mejor precio.
REGRET	Me disculpo. / Lo siento.
REQUEST	Desearíamos . . ./Quisiéramos . . .
SOONEST	Lo antes posible.

□ 2.4 Servicio de telex

2.4.1 British Telecom

Para empresas que no disponen de telex propio existe un servicio de telex organizado por British Telecom International Bureau Services (BTI). Los mensajes pueden ser dictados por teléfono, enviados por correo, entregados a mano, o enviados por fax a Electra House, Victoria Embankment, London WC2R 3HL.

Para las empresas que no desean ocupar sus propias lineas de telex, BTI ofrece servicios de mensajes *multi-address* (a direcciones múltiples), distribución de listas, y ventas por correo. Teléfono: *BTI Bureau Services London* (01) 836 5432.

Telex Link Da acceso a todos los usuarios de *Prestel* a la red de telex, sin necesidad de equipo especial. (Ver Sección C 4.1 para Prestel.)

Text Direct Es un servicio que permite a sus socios enviar o recibir telex incluso si no disponen de un aparato de telex. Los mensajes se envían y reciben con un ordenador personal, una máquina de escribir electrónica/procesador de textos en cualquier parte del mundo.

Telex Manual Services Servicio de información para suscriptores de telex dentro y fuera del Reino Unido.

Intelpost Servicio Postal que puede emplearse para enviar telex tanto a propietarios de fax como a gente que no dispone de fax, telex o comunicación electrónica. Teléfono. Freefone Intelpost (ver Sección B 4.1).

☐ 2.5 Ejemplos de telex

Para confirmar una reserva de hotel:

CONFIRM RESERVATION SINGLE ROOM NIGHT OF 11 AUG FOR
MR PETER NIELD

MR NIELD WILL SETTLE OWN ACCOUNT ON DEPARTURE

Para concertar una cita entre un cliente y un proveedor:

ATTN BOX 123 MR MANCINI

HAVE CUSTOMER WHO WISHES TO MEET YOU 22 OCTOBER. WILL YOU BE IN UK AND WILL YOU BRING CPV/FLOWMETER WITH YOU? URGENT PLEASE BY RETURN TO TLX 297661 BTIEQ G QUOTING PHONE 071–123–2345

BEST REGARDS, GERALD

Para dar una cotización:

ATTN: MR JONES

RE: PRICES TO STYLE 123 AND 456 – CANVAS SHOES

STYLE 123
SIZE 3/4 2.10 – GBP
SIZE 5–11 2.20 – GBP
NO DISCOUNT ON INVOICE. FOB PRICES OPORTO. PACKING IN PLASTIC BAGS – 20/25 PAIRS PER CARTON. L/C CONFIRMED AND IRREVOCABLE.

THANK YOU
REGARDS, BERE

Nota: GBP = Great Britain Pounds (libras esterlinas)

Para pedir información sobre un producto:

OUR REF 1027 87–09–17 13.36

15/9/97

FAO HOMPEL

YR TLX T242DT3/9

1 PROVIDE SAMPLES
2 STATE FOR HOW LONG PRICES QUOTED VALID
3 STATE REEL WIDTH AND DIA ALSO CORE DIA AND MACHINE DECKLE
4 IS ORIGIN S AMERICA?

REGARDS, MALCOLM

Nota: FAO = for the attention of . . . (a la atención de . . .)

Para solicitar la traducción de un recibo de pago y su envío al cliente:

PLEASE TRANSLATE THE FOLL ENGLISH TEXT INTO SPANISH AND RETRANSMIT TO SPAIN TLS NR 12345 ABCD E. THANK YOU.

ATTENTION: RAMON

WE ACKNOWLEDGE RECEIPT OF YR CHEQUE IN PAYMENT OF INV NO 64/8

SALUDOS
SMITH AND JONES LONDON

Nota: British Telecom tiene servicios de traducción, telex, y fax (Ver sección C 4.1).

Para informar sobre la tramitación de un préstamo:

ATTN MR SMITH

SPOKE TO FUNDERS. ARE WILLING TO NEGOTIATE PROVIDING BORROWERS WILLING TO COME UP WITH THE NECESSARY DOCUMENTATION INCLUDING LETTER OF CREDIT FROM PRIME BANK, EXPECTING TLX EARLY FRI. WILL ACKNOWLEDGE STRAIGHT AWAY.

REGARDS JOHN

3 Telegramas y telemensajes internacionales

□ 3.1 Telegramas internacionales

Para enviar telegramas (o cables) internacionales por teléfono, se marca el numero 100 y se pide *International Telegrams*.
Los telegramas se cobran por palabras, por eso se suele reducir el número de éstas:
a) utilizando las abreviaturas descritas en la sección de telex.
b) escribiendo varias palabras en una.

Ejemplos: TWENTYONE TENTHIRTY
UPTODATE NEXTMONTH
FIVEPERCENT PRICELIST

Como en los telex, es mejor usar abreviaturas internacionales.

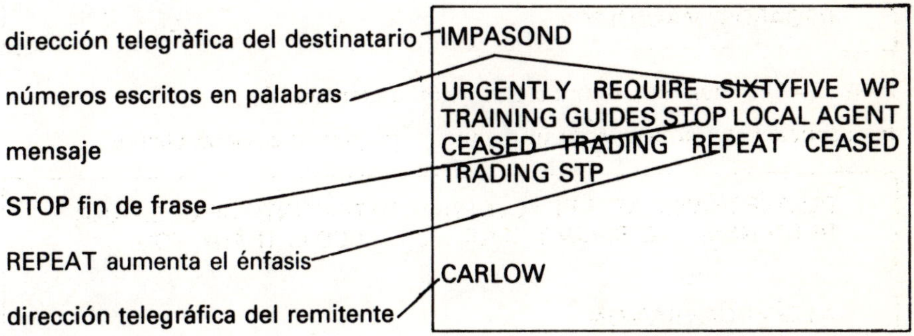

dirección telegràfica del destinatario — IMPASOND
números escritos en palabras
mensaje
STOP fin de frase
REPEAT aumenta el énfasis
dirección telegráfica del remitente

IMPASOND

URGENTLY REQUIRE SIXTYFIVE WP TRAINING GUIDES STOP LOCAL AGENT CEASED TRADING REPEAT CEASED TRADING STP

CARLOW

Nota: *British Telecom* permite que los telegramas se envíen en clave. Este es un buen sistema para reducir el coste y asegurar que sólo el destinatario pueda entender el mensaje. Las cadenas hoteleras y los periodistas que deben enviar informes, son algunos de los que usan claves especiales. Los siguientes son ejemplos de una clave:

Reserve, un habitación individual	ALBA
Reserve, una habitación con dos camas	ARAB
Llegada lunes mañana	POCUN
Llegada esta tarde	POWYS

□ 3.2 Telemensajes

Los telemensajes han reemplazado a los telegramas en el Reino Unido. Es un servicio de *British Telecom* y pueden enviarse por teléfono o por telex. Para mandarlos por teléfono marque el 100 y pregunte por *Telemessages*. Para enviarlos por telex, busque el número en la guía de telex. Esta servicio existe en el

Reino Unido y en los Estados Unidos (allí se llama *Mailgram*). El sistema se está extendiendo a otros países.

Se paga una tarifa básica por las primeras 50 palabras y luego un precio fijo para cada 50 palabras hasta un máximo de 350. Las señas no se incluyen en el número de palabras. El remitente puede obtener una copia del mensaje pagando un suplemento. Hay una tarifa reducida si se envía el mismo mensaje a varias direcciones diferentes. Llame al 100 y pregunte por *Freefone: Multiple telemessages*. Se pueden pedir telemensajes especiales para ocasiones como cumpleaños, bodas, etc.

Antes de dictar su mensaje, escríbalo. Cuente las palabras, y si son más de 50, trate de acortar el mensaje. Ver en la Sección B 2.2 cómo reducir el número de palabras de un mensaje.

Los telemensajes llegan por correo al día siguiente. Los domingos no hay reparto.

SECCION C: INFORMACION CULTURAL Y COMERCIAL

1 Información general

□ 1.1 Población

El Reino Unido tiene una población de 55.776.422 habitantes.

Inglaterra	46.362.836
País de Gales	2. 791.851
Escocia	5.130.735
Irlanda del Norte	1.491.000

Estas cifras se basan en el censo oficial de población de 1981, que es el más reciente. El crecimiento de la población se acerca al cero, con descenso de la natalidad y aumento de las expectativas de vida. Desde 1900 la población de más de 65 años se ha multiplicado por cinco y por diez la de más de 85. En algunas zonas está cambiando la población: los jubilados parten hacia las ciudades costeras y los que trabajan dejan el casco urbano por las afueras, donde las viviendas y el ambiente son mejores.

□ 1.2 Sub-divisiones del Reino Unido

El Reino Unido:
- Inglaterra, Escocia, País de Gales — Gran Bretaña
- Irlanda del Norte
- Isla de Man
- Islas Anglo-normandas

El nombre completo es Reino Unido de Gran Bretaña e Irlanda del Norte. Inglaterra y el País de Gales se dividen en *counties* y Escocia e Irlanda del Norte en *regions*. Las estadísticas oficiales hacen uso de las divisiones regionales siguientes:

Escocia	
País de Gales	
Irlanda del Norte	
East Anglia:	Cambridgeshire, Norfolk, Suffolk
East Midlands:	Derbyshire, Leicestershire, Lincolnshire, Northamptonshire, Nottinghamshire
North:	Cleveland, Cumbria, Durham, Northumberland, Tyne and Wear
North West:	Greater Manchester, Lancashire, Cheshire, Merseyside.

South East:	Bedfordshire, Berkshire, Buckinghamshire, East Sussex, Greater London, Hampshire, Hertfordshire, Isle of Wight, Kent, Oxfordshire, Surrey, West Sussex
South West:	Avon, Cornwall, Devon, Gloucestershire, Somerset, Wiltshire
West Midlands:	Hereford and Worcester, Shropshire, Staffordshire, Warwickshire, West Midlands
Yorkshire and Humberside	Humberside, North Yorkshire, South Yorkshire, West Yorkshire

□ 1.3 Transporte

1.3.1 Ferrocarriles británicos

British Rail ofrece un servicio rápido y eficiente entre las principales ciudades británicas. El *InterCity* es un servicio de largo recorrido con primera y segunda clase. Los vagones de primera clase se distinguen por tener una franja amarilla encima de las ventanillas.

El *InterCity Business Travel Service* es un amplio servicio que se ofrece en algunas estaciones, a través del cual pueden obtenerse billetes de ferrocarril de todo tipo, reservas, plazas en coches cama, billetes de ferrocarril para otros países, alquiler de coches, hoteles, billetes de avión y salas de reuniones.

El *Pullman Service* es para viajeros que tengan billetes de primera o de clase ejecutiva. El billete de ejecutivo incluye ida y vuelta en primera clase, reserva de asiento, aparcamiento de coche durante 24 horas, billete de metro en la zona central de Londres y alquiler de coche con descuento. El *Pullman* es un servicio rápido y cómodo para los hombres de negocios que tengan que desplazarse entre el norte de Inglaterra y Londres. En la mayoría de los trenes *Pullman* e *InterCity* hay teléfonos desde los que se pueden hacer llamadas nacionales e internacionales.

InterCity Europe (Eurocity) ofrece conexiones con el resto de Europa. Con un solo billete se puede viajar de Harwich a Rotterdam, de Dover a Calais, de Folkestone a Boulogne, de Newhaven a Dieppe. Según la ruta elegida el cruce del Canal puede hacerse en ferry, hovercraft o jetfoil.

Eurocity enlaza con los servicios *InterCity* de cada país. Para obtener más información llame a la Oficina de Viajeros de Ferrocarriles Europeos en Londres: (01) 834 2345.

British Rail también ofrece, dentro del servicio *InterCity Europe* los medios para organizar congresos. Este servicio se llama *Conference Connection*.
Cada una de las estaciones de ferrocarril de Londres ofrece enlaces con las regiones siguientes:

Paddington: oeste de Inglaterra, sur del País de Gales

Euston: norte del País de Gales, oeste de la zona central y noroeste de Inglaterra, oeste de Escocia

King's Cross: este de la zona central y nordeste de Inglaterra, este de Escocia

St Pancras: zona central de Inglaterra hasta Sheffield

Liverpool Street: East Anglia

Victoria, Charing Cross, Waterloo: sur de Inglaterra

Para ahorrar tiempo y la necesidad de hotel, *British Rail* ofrece servicios nocturnos con cama (individual en primera clase y doble en segunda) desde Londres a Escocia, el País de Gales y el norte y oeste de Inglaterra. Véase en la Sección C 5.1 fuentes de información sobre viajes.
El túnel bajo el Canal de la Mancha, de unos 49 kms y con doble vía, se inaugurará en 1993. La duración del viaje entre las dos terminales (Cheriton, cerca de Folkestone y Frethun, al sureste de Calais) será de unos 30 minutos. El tren tendrá subida y bajada directa para coches, caravanas, autocares y vehículos de carga. La duración del viaje de Londres a París será de unas 3 horas y cuarto, y de Londres a Bruselas de 3 horas aproximadamente. También está proyectado un servicio de mercancías.

1.3.2 Servicios por carretera

National Express tiene una red nacional de servicios de autocares que enlazan todas las ciudades y pueblos de Inglaterra y el País de Gales. En Escocia, *Scottish City Link* tiene una red similar. Muchos de los autocares cuentan ahora con servicios, minibar y vídeo. *National Express* también ofrece servicios a otros países europeos. Hay servicios regulares de Londres a Bélgica, Francia, Alemania, Grecia, Holanda, Irlanda, Italia, Portugal, Escandinavia, España y Suiza. (Véase información sobre servicios de autobuses a aeropuertos en la Sección C 1.3.5.)

1.3.3 Transporte en Londres

Londres tiene un sistema de transporte público, aunque no funciona toda la noche. *London Regional Transport* tiene oficinas de información para el viajero en las estaciones siguientes: Euston, Heathrow, King's Cross, Piccadilly Circus y Victoria. En estas oficinas pueden obtenerse gratuitamente mapas del metro y de autobuses, mapas turísticos e información sobre el transporte en Londres. Para el forastero, el *Underground* (Metro) es la forma más rápida y fácil de desplazarse. Tanto en el Metro como en los autobuses el precio depende de la distancia a recorrer. Para no tener que hacer cola lleve consigo monedas de 10, 20 y 50 peniques y £1 para utilizar en las máquinas expendedoras . Puede sacar ida y vuelta con reducción si viaja después de las 10 de la mañana, y los sábados y domingos a cualquier hora. Con el pase *London Explorer*, por un precio fijo, puede viajar en la zona central de Londres cuantas veces lo desee.

London Transport ofrece viajes turísticos en la capital. En los mapas que hay en las estaciones y en los trenes, cada línea de Metro tiene un color distinto. En los mapas del Metro se indican también, los enlaces con las estaciones de *British Rail*. Puede obtener información sobre los servicios de trenes de *British Rail* en su *Travel Centre* o en las estaciones mismas.

Los *autobuses* son mucho más lentos, sobre todo a las horas punta. En algunos autobuses hay que pagar al conductor al subir, aunque en otros, sobre todo si tienen la entrada en la parte posterior, se le paga al cobrador durante el trayecto. En los autobuses se da cambio, pero no gustan los billetes grandes (de 5 libras para arriba). Cuando se está esperando el autobús en una parada discrecional (*Request Stop*) hay que levantar el brazo para que pare.

Los autobuses *Red Arrow* (rojos) circulan por el centro de Londres, y los *Green Line* (verdes) van del centro a barrios periféricos como Windsor por ejemplo. Hay muchos taxis. Los de color negro (aunque también los hay de otros colores) están libres cuando llevan encendida la luz sobre el parabrisas. El coste está controlado por taxímetro. Hay una tarifa mínima por bajada de bandera. Hay que pagar suplementos por el equipaje, durante la noche, los fines de semana y los días festivos. Para los viajes de largo trayecto debe ajustar el precio antes de arrancar. Los mini-taxis no pueden pararse en la calle, hay que llamarlos por teléfono. Son vehículos normales. Resultan más baratos para viajes largos. Debe ajustarse el precio en el momento de llamarlos. En las *Yellow Pages* (Páginas Amarillas) encontrará los números a los que debe llamar.

El *British Rail Travel Centre*, situado en 4–12 Lower Regent Street, SW1, facilita información solamente a los que se personen en sus oficinas. Allí pueden hacerse reservas de tren para viajar por Gran Bretaña, o de tren y barco para ir a países continentales o a Irlanda de Norte.

El *National Tourist Information Centre*, situado en la estación de Victoria, facilita información sobre viajes y turismo, hace reservas de hotel, expende entradas de teatro y vende guías, libros y mapas.

1.3.4 Carreteras británicas

El transporte de pasajeros y mercancías se realiza principalmente por carretera. El número de vehículos privados está aumentando rápidamente y el coche es la forma de transporte más popular.
Hay tres clases de carreteras. Las autopistas (carreteras *M*), que son para el tráfico de larga distancia, tienen tres carriles y enlazan con los principales centros de población. Las autopistas representan menos del 1% del total de carreteras, pero circula por ellas casi el 13% del tráfico. Hay un límite de velocidad de 70 millas por hora.

Carreteras *A*: Son vías importantes pero no tan rápidas como las autopistas. Suelen tener un carril para cada dirección, un límite de velocidad más bajo y atraviesan ciudades y pueblos.

Carreteras *B*: Suelen ser carreteras más estrechas en zonas rurales. En Gran Bretaña no hay carreteras de peaje, aunque hay algunos puentes y túneles de peaje. Para información sobre los mismos consúltese la *Automobile Association* (abajo).

El transporte de mercancías en el país se realiza principalmente por carretera. El tamaño de los vehículos tiende a aumentar para hacer posible el transporte de cargas mayores. El impacto de los camiones en el medio ambiente está empezando a preocupar al público. En su mayor parte, el transporte por carretera está en manos de empresas privadas pequeñas o medianas. La más importante es la *National Freight Consortium*.

Desde hace bastante tiempo son cada vez menos las personas que usan el transporte público por carretera, debido sobre todo al aumento del número de coches particulares.

Las dos organizaciones más importantes para automovilistas son la *Automobile Association (AA)* (0256) 20123 y el *Royal Automobile Club (RAC)* (01-686 2525). Facilitan publicaciones e información automovilística sobre Gran Bretaña y prestan ayuda a conductores y motoristas en caso de avería. Tienen acuerdos recíprocos con otras asociaciones automovilísticas europeas y, por ello, es aconsejable consultar a una de estas organizaciones en su país de origen si piensa llevar el coche a Gran Bretaña. La *AA* y el *RAC* tienen oficinas de información en los principales puertos marítimos.

Los límites de velocidad se indican en millas por hora (véase Sección C 1.6).

1.3.5 Servicios aéreos

Heathrow – Instalaciones y servicios

A 24 kms de Londres. Tel: Londres (081) 7594321.

Bancos: En la Terminal de Llegadas 3 – abierto 24 horas al dia. En las Terminales 1 y 2 – abierto de 7.00 a 23.00 horas.

Salas de reunión: Puede reservarse una sala de conferencias a través del *Queen's Building Management*. El *Heathrow Business Centre*, en la Terminal 2, ofrece alquiler de oficinas y servicio de secretarias. Tel: Londres (081) 759 2434.

Teléfonos: Todas las Terminales tienen teléfonos automáticos, incluso en las salas de embarque. La moyoría de ellos funcionan con monedas de 10, y 50 20 peniques, y algunos con las tarjetas telefónicas de *British Telecom*. (Véase también Sección C 4.2).

Servicio de autobuses: Hay un servicio regular y permanente de autobuses entre las cuatro Terminales.

Transporte a Londres: *Airbus London Regional Transport* tiene dos servicios directos de autobús. Uno que va a la estación de Victoria y el otro a la estación de Euston. Los dos servicios tienen parada en las cuatro Terminales y el viaje es de 50 a 85 minutos. *Flightline* (autobuses verdes) tiene servicio desde las cuatro Terminales a la estación de autobuses de Victoria. Salen cada media hora desde la 6.15 a las 19.15, y luego cada hora. El viaje es de unos 45 minutos.

Careline tiene un servicio cada hora desde Heathrow al centro de Londres: a la estación de autobuses de Victoria y a las de ferrocaril de Waterloo, King's Cross, Euston y Paddington.

El Metro tiene una línea desde Heathrow al centro de Londres – la línea Piccadilly – con dos estaciones en el aeropuerto: una para las Terminales 1, 2 y 3, y la otra para la Terminal 4. Los trenes circulan cada tres minutos a las horas punta y el viaje hasta el centro de Londres dura 45 minutos.

Hay también taxis, aunque son mucho más caros. El viaje suele ser de una hora.

Gatwick:

A 46 kms de Londres. Tel: Gatwick (0293) 28822.

Bancos: Oficina de cambio y servicios bancarios permanentes.

Salas de reuniones: Tiene dos salas de conferencias que pueden reservarse. También hay una sala de conferencias en el Hilton, hotel conectado con la Terminal por medio de un pasadizo.

Teléfonos: Hay teléfonos de monedas y teléfonos que funcionan con tarjetas de *British Telecom* en diversas partes de la Terminal.

Transporte: *Speedlink* (autobuses verdes) es un servicio de autobuses que salen durante todo el día, cada 20 minutos, con destino a Heathrow. El viaje dura 50 minutos.

British Rail tiene un servicio de trenes – el *Gatwick Express* – a la estación de Victoria. Salen cada 15 minutos durante el día y cada hora por la noche. Tarda 30 minutos.

También hay servicio desde Gatwick a London Bridge, estación situada en el centro financiero de la ciudad e ideal para el hombre de negocios. Circula cada hora (con mayor frecuencia a las horas punta) y tarda 35 minutos. Hay trenes rápidos que pasan por Kensington, donde puede hacerse enlace con los *Inter-City* que van a Wolverhampton, Birmingham, Manchester y Liverpool.

El viaje a Londres en taxi es de una hora aproximadamente.

En Gatwick no hay Metro.

Aeropuerto de London City:

Este aeropuerto está a unos 9 kilómetros del corazón de Londres y lo usan sobre todo los hombres de negocios. Hay estacionamiento para coches, a largo y a corto plazo, y un servicio de autobuses desde la estación de Victoria. El límite de aceptación al vuelo es de 10 minutos antes de la salida. En la actualidad hay cuatro vuelos diarios a/desde Paris y tres a/desde Bruselas, de lunes a viernes. Durante los fines de semana se reduce el servicio. Se piensa establecer vuelos a Rotterdam, Dusseldorf, Jersey, Guernsey y Manchester. Las reservas pueden realizarse por medio de agencias de viajes o a través de *London City Airways*, Londres, (071) 511 4200. Para mayor información dirigirse a *Eurocity Express Ltd.*, London City Airport, Londres E16 2QQ.

Auropuertos regionales:

En Gran Bretaña hay más de 30 aeropuertos regionales. Tienen en su mayoría vuelos nacionales. Los vuelos regulares internacionales son casi todos a otros países europeos.

A Manchester, Edimburgo, Birmingham y Glasgow hay vuelos directos desde muchos de los principales aeropuertos europeos. En el Reino Unido el hombre de negocios suele hacer los viajes de corta o media distancia por tren o carretera.

1.3.6 Terminales de ferry y hovercraft

Hay más de 20 líneas de ferry entre Gran Bretaña y otros países europeos. La mayoría de ellos funcionan todo el año. Algunos reducen el servicio en el invierno. Casi todas las terminales marítimas tienen bancos, reserva de hoteles, alquiler de coches y oficinas de la *AA* y el *RAC* (véase Sección C 1.3.4). Hay conexiones rápidas con Londres por carretera y ferrocarril. La lista que sigue indica los servicios principales y la duración del crucero a la que debe añadirse una hora para aduanas y embarque:

Calais – Dover	35 minutos (hovercraft)
Boulogne – Dover	35 minutos (hovercraft)
Calais – Dover	75–90 minutos
Ostende – Dover	90 minutos (jetfoil)
Boulogne – Folkestone	1 h. 45 m.
Boulogne – Dover	1 h. 45m.
Dunkerque – Ramsgate	2 h. 35 m.
Ostende – Dover	3 h. 45 m.
Zeebrugge – Dover	4 horas
Cherburgo – Weymouth	4 horas
Dieppe – Newhaven	4 h. 15 m.
Cherburgo – Poole	4 h. 30 m.
Cherburgo – Plymouth	4 h. 45 m.
Zeebrugge – Felixstowe	5 h. 15 m.
Caen – Portsmouth	5 h. 30 m.
Le Havre – Portsmouth	5 h. 45 m.
Roscoff – Plymouth	6 horas

También hay servicios desde St Malo, Vlissingen, Santander, Rotterdam, Hamburgo y puertos escandinavos.

□ 1.4 Horario laborable

1.4.1 Tiendas

Por lo general las tiendas abren de 9 de la mañana a las 5 y media de la tarde, de lunes a sábado. En ciudades pequeñas y en pueblos suelen cerrar durante una hora al mediodía y, a veces, cierran un día por la tarde a partir de la una. Los grandes almacenes y algunas tiendas de Londres, por ejemplo en Knightsbridge y en Oxford Street, están abiertos hasta más tarde un día a la semana; por ejemplo, en el distrito del West End lo hacen los jueves.

1.4.2 Bancos y Oficinas de cambio

Los bancos suelen estar abiertos, de lunes a viernes, de 9.30 a 15.30. Algunos de los bancos abren los sábados por la mañana. Algunos bancos en Escocia y en Irlanda del Norte cierran durante una hora para el almuerzo. En los aeropuertos londinenses de Heathrow y Gatwick hay servicio de banco las 24 horas del día. Si necesita cambiar moneda cuando están cerrados los bancos, suele haber oficinas de cambio en las agencias de viajes y hoteles importantes y en los grandes almacenes. Hoteles, restaurantes y grandes almacenes suelen aceptar cheques de viajero.

1.4.3 Oficinas de correos

Su horario normal es de lunes a viernes, de 9 a 17.30, y los sábados de 9 a 12.30, excepto, claro está, en días festivos o días en que cierran temprano todas las tiendas en la localidad. La mayoría de las oficinas de correos en los barrios y algunas de las centrales cierran una hora para el almuerzo.

Las oficinas que siguen tienen un horario distinto: La de la Plaza de Trafalgar, sita en 24–28 William IV Street, Londres, WC2: de lunes a sábado, de 8.00 a 20.00. Domingos y días festivos, salvo día de Navidad, de 10.00 a 17.00. Oficina Central de Londres, sita en King Edward Street, Londres, EC1: de lunes a viernes, de 8.00 a 19.00 (miércoles 18.30). Cerrada días festivos. Sábados de 9.00 a 12.30. Aeropuerto de Heathrow, Terminales 1, 2 y 3: de 8.30 a 18.00 (viernes de 9.00 a 18.00). En las Terminales 2 y 3 abren también los domingos de 9.00 a 13.00.

1.4.4 Horario de oficinas

Las oficinas están abiertas normalmente de las 9 de la mañana a las 5 y media de la tarde, de lunes a viernes. Algunas oficinas tienen *flexitime*, que permite a los empleados variar las horas de entrada y salida. Hay unas horas fijas, generalmente de 10 a 12 por la mañana y de 2 a 4 por la tarde, cuando todos los empleados tienen que trabajar.

Colegios: Tanto los de enseñanza primaria como los de secundaria empiezan a eso de las 9 de la mañana y terminan de 3 y cuarto a 3 y media de la tarde.

1.4.5 Vida en el hogar

La mayoría de la gente se levanta entre las 7 y las 8 de la mañana. (Los que tienen que ir a trabajar a Londres suelen salir de casa a las 7 de la mañana y regresan a las 7 de la tarde.) La comida principal suele hacerse por la tarde. La hora de esta comida depende de la distancia entre el trabajo y la casa de uno. En el norte la gente tiende a comer más temprano: hacia las 6 de la tarde. Si se sale a comer fuera, suele ser más tarde, a eso de las ocho.

A las 11 mucha gente ya está en la cama. Esto varía, claro está según la distancia que uno tenga que viajar para ir al trabajo y según la edad. Lo normal es la semana laboral de 35 a 40 horas, aunque muchas personas hacen horas extra. La mayoría de la gente trabaja 5 días a la semana.

Las diversiones más frecuentes en Gran Bretaña se centran en la vida de hogar. Se visita a familiares y amigos, o se les invita a casa de uno. La televisión es el pasatiempo más popular, excepto para los varones jóvenes. (La población de más de 5 años pasa unas 20 horas a la semana viendo la televisión.)
Otros modos frecuentes de pasar el tiempo son el bricolage, el salir a comer o tomar algo, la jardinería, la pesca, viajes al campo o a la playa. La mitad aproximadamente de los hogares británicos tienen un animal doméstico.
Tanto para los hombres como para las mujeres, el ejercicio más popular es el de caminar. Los otros deportes más practicados por los hombres son, en orden de importancia, el billar, la natación y el fútbol; y, para las mujeres, la natación.
El período de vacaciones de las personas que trabajan ha ido aumentando y, en la actualidad, más del 90% de los que están empleados tienen derecho a cuatro semanas de vacaciones por lo menos. El período principal de vacaciones se extiende de mayo a septiembre y mucha gente sale al extranjero. España es el país más popular.

1.4.6 Días festivos

Todos los bancos y muchas tiendas, restaurantes y estaciones de servicio cierran durante los llamados *Bank Holidays.*
El transporte público suele tener un horario reducido los domingos.
1 de enero – *New Year's Day* (Año Nuevo)
2 de enero – *Bank Holiday* (en Escocia solamente)
Viernes Santo (*Bank Holiday*)
Lunes de Pascua (*Bank Holiday*, excepto en Escocia)
(Estas vacaciones varían de un año a otro de acuerdo con la Pascua).
Primer lunes de mayo – *Bank Holiday* (equivalente a la fiesta del 1 de mayo)
Ultimo lunes de mayo – *Bank Holiday* de primavera.
Ultimo lunes de agosto – *Bank Holiday* de verano.
25 de diciembre – *Christmas Day* (día de Navidad)
26 de diciembre – *Boxing Day*. Cuando cae en domingo el día siguiente es un *Bank Holiday*.

□ 1.5 Impuesto sobre el valor añadido (VAT)

El VAT se añade a casi todas los productos que se venden en el Reino Unido. Suele estar incluido en el precio marcado en las tiendas. Si es usted viajero de la Comunidad Europea, es decir, si vive en uno de los países comunitarios, y piensa salir del Reino Unido dentro de los tres meses siguientes a cualquier compra, puede obtener la devolución del VAT que haya pagado. Se cobra el 3% por servicio en compras de menos de 500 libras esterlinas. En artículos de más de 500 libras se devuelve el VAT íntegramente. Si no ve ningún letrero que diga 'Libre de impuestos', pregunte en la tienda. Lleve el pasaporte cuando vaya de compras. Asegúrese al efectuar la compra de que recibe el justificante de libre de impuestos. Presente el justificante y lo que haya comprado al oficial de aduanas cuando salga del Reino Unido. El justificante deberá estar sellado y firmado.

Eche el justificante al correo antes de salir del Reino Unido. (Al hacer las compras le darán un sobre que no requiere franqueo.) Si no le han sellado el justificante en el Reino Unido pueden sellárselo en la aduana o en la comisaría en su país de origen. Envíelo depués a London Tax Free Shopping, Norway House, 21–24 Cockspur Street, Londres SW1Y 5BN, Reino Unido.

□ 1.6 Pesos y medidas

Sistema métrico y equivalencias (Metric measures and equivalents):

Medidas de longitud (Length):

1 millimetre (mm)		= 0.0394 in
1 centimetre (cm)	= 10 mm	= 0.3937 in
1 metre (m)	= 100 cm	= 1.0936 yd
1 kilometre (km)	= 1000 m	= 0.6214 mile

Medidas de superficie (Area):

1 sq cm (cm^2)	= 100 mm^2	= 0.1550 in^2
1 sq metre (m^2)	= 10 000 cm^2	= 1.1960 yd^2
1 hectare (ha)	= 10 000 m^2	= 2.4711 acres
1 sq km (km^2)	= 100 ha	= 0.3861 $mile^2$

Medidas de capacidad (Volume/Capacity):

1 cu cm (cm^3)		= 0.0610 in^3
1 cu decimetre (dm^3)	= 1000 cm^3	= 0.0353 ft^3
1 cu metre (m^3)	= 1000 dm^3	= 1.3080 yd^3
1 litre (l)	= 1 dm^3	= 1.2200 gal
1 hectolitre (hl)	= 100 l	= 21.997 gal

Pesos (Mass/Weight):

1 milligram (mg)		= 0.0154 grain
1 gram (g)	= 1000 mg	= 0.0353 oz
1 kilogram (kg)	= 1000 g	= 2.2046 lb
1 tonne (t)	= 1000 kg	= 0.9842 ton

Medidas imperiales y equivalencias (British measures and equivalents):

Medidas de longitud (Length):

1 inch (in)		= 2.54 cm
1 foot (ft)	= 12 inches	= 0.3048 m
1 yard (yd)	= 3 feet	= 0.9144 m
1 mile	= 1760 yd	= 1.6093 km
1 int nautical mile	= 2025.4 yd	= 1.852 km

Medidas de superficie (Area):

1 sq inch (in^2)		= 6.4516 cm^2
1 sq yard (yd^2)	= 9 ft^2	= 0.8361 m^2
1 acre	= 4840 yd^2	= 4046.9 m^2
1 sq mile ($mile^2$)	= 640 acres	= 2.59 km^2

Medidas de capacidad (Volume/Capacity):

1 cu inch (in^3)		= 16.387 cm^3
1 cu foot (ft^3)	= 1728 in^3	= 0.0283 m^3
1 fluid ounce (fl oz)		= 28.413 ml
1 pint (pt)	= 20 fl oz	= 0.5683 l
1 gallon (gal)	= 8 pts	= 4.5461 l

Pesos (Mass/Weight):

1 ounce (oz)	= 437.5 grains	= 28.35 g
1 pound (lb)	= 16 oz	= 0.4536 kg
1 stone	= 14lb	= 6.35 kg
1 hundredweight (cwt)	= 112 lb	= 50.802 kg
1 ton	= 20 cwt	= 1.016 t

Temperaturas (Temperature) °C/°F:

32	40	50	60	70	75	85	95	105	140	176	212	F	Fahrenheit
0	05	10	15	20	25	30	35	40	60	80	100	C	Centígrados

Velocidad:

20	30	40	50	60	70	80	90	100	mph millas por hora
32	48	64	80	96	112	128	144	160	km/h kilómetros por hora

Nota: La mayoría de los británicos se han resistido a la decimalización por no ser ésta obligatoria. Si le pregunta a una persona lo que pesa, se lo dirá en *stones* y libras; y su altura en pies y pulgadas. Las frutas y hortalizas se compran por libras y onzas; el consumo de gasolina se mide en millas por galón, los solares en acres, y las alfombras se compran a tanto por yarda cuadrada. La mayoría de los libros de cocina usan libras, onzas y pintas, pero tienen tabla de conversión métrica.

1.6.1 Tallaje de ropa

Ropa de señora

Vestidos, abrigos, jerseys, blusas:

Americana	–	8	10	12	14	16
Británica	8	10	12	14	16	18
Europea	–	38	40	42	44	46

Zapatos:

Americano	6	6½	7	7½	8	8½
Británico	4½	5	5½	6	6½	7
Europeo	37	38	39	39½	40	41

Ropa de caballero

Trajes, abrigos, jerseys:

Americana/británica	34	36	38	40	42	44	46
Europea	44	46	48	50	52	54	54

Camisas:							
Americana/británica	14½	15	15½	15¾	16	16½	17
Europea	37	38	39	40	41	42	43

Zapatos:						
Americano	8	8½	9½	10½	11½	12
Británico	7	7½	8½	9½	10½	11
Europeo	41	42	43	44	45	46

□ 1.7 Servicios sanitarios

En Gran Bretaña todo el que paga impuestos, ya sea empresario u obrero, contribuye al mantenimiento del *National Health Service/NHS* (Servicio Nacional de Sanidad), el cùal ofrece una gran variedad de prestaciones. Muchas de ellas son gratuitas, incluso para las personas que están de paso en Gran Bretaña. Compruebe en su póliza de seguro médico los servicios que puede obtener libres de pago.

Si necesita tratamiento, primero tiene que ponerse en contacto con un médico de cabecera (*general practitioner*) llamando a su consulta. Como residente en tránsito puede consultar a cualquier médico. Encontrará una lista de médicos en la guía de Páginas Amarillas (bajo *Doctors, Medical*) o en la biblioteca pública, o bien puede preguntarle a alguien que conozca. Si necesita tomar algún medicamento, el médico le dará una receta para que la lleve a la farmacia. Las farmacias se identifican por medio de una cruz verde sobre fondo blanco. En casi todas las ciudades encontrará una de *Boots*, que es una gran cadena de farmacias. Tendrá que abonar una pequeña cantidad por los medicamentos. Todas las ciudades tienen farmacias de guardia cuya dirección podrá encontrar en el periódico local o en la biblioteca. Si está ligeramente indispuesto puede ir a la farmacia y preguntar por el farmacéutico para que él/ella le recomiende algo que no requiere receta, o para que le diga si debe ir al médico.

Si el médico cree que debe ver a un especialista, él mismo llamará al hospital para concertar día y hora.

En caso de urgencia puede ir al departamento de *Casualties* (también llamado de *Accident and Emergency*) del hospital más cercano. El tratamiento es gratuito para todo el mundo. Si necesita una ambulancia llame al 999 (no se requiere dinero si llama desde un teléfono público) y pida que le pongan con el servicio de ambulancias.

Si tiene algún problema dental tendrá que ver a un dentista. En la guía de Páginas Amarillas hallará una lista de dentistas bajo *Dental Surgeons*. El tratamiento dental privado es bastante caro.

2 Normas de comportamiento

□ 2.1 Variedades del inglés

En inglés, el vocabulario y la gramática varían según quiera uno expresarse de forma:

cortés o familiar
más o menos formal
indirecta o directa

Formalidades: El lenguaje es siempre más ceremonioso cuando se escribe a un desconocido o a una persona de más edad o posición superior. Compare las oraciones que siguen:

1. *The Chairman stated that it would be expedient to seek alternative premises for the storage of the automobile parts.*
2. *Pete said we'd have to find another place to keep the car parts.*

(El Presidente declaró que sería conveniente buscar otro local para almacenar los recambios de automóvil.)
(Pedro dijo que teníamos que buscar otro sitio para guardar las piezas de coche.)
El primero de los ejemplos es muy cortés y sólo se emplearía en la forma escrita. Ahora se tiende a utilizar un lenguaje menos ceremonioso, a mitad de camino entre los ejemplos dados. (Véase también Sección A 3.6.)

Formal (escrito)	**Básico (escrito o hablado)**	**Menos formal (hablado)**
reside	live	live
offspring	children	kids
convenience/lavatory	toilet	loo
ladies	women	birds
gentlemen	men	guys, chaps, blokes

□ 2.2 Cortesía

En general los ingleses se muestran más corteses con los desconocidos, con personas importantes, o cuando están en posición de inferioridad, es decir, cuando desean conseguir algo que no es fácil de conseguir. Usan expresiones de tipo familiar con los seres queridos: familiares, amigos íntimos, novios.

Como norma general se puede decir también que cuanto más larga la oración, mayor el grado de cortesía:

What? Sorry? Pardon? I beg your pardon? Repeat that, can you? Repeat that, will you? Repeat that, would you? Would you repeat that? Would you please repeat that? Could you possibly repeat that please? I wonder if you would repeat that please? I wonder if you would mind repeating that please? I wonder if you would be so good as to repeat that for me please?	Forma más familiar ↕ Forma más cortés
¿Qué? ¿Cómo? ¿Perdón? ¿Cómo decía? ¿Puede repetir eso? ¿Puede repetir eso, por favor? Repita eso si no le importa. ¿Le importaría repetir eso? ¿Le importaría repetir eso, por favor? ¿Podría repetir eso, por favor? Me pregunto si, por favor, pondría repetir eso. Me pregunto si le importaría repetir eso, por favor. Me pregunto si usted tendría la amabilidad de repetir eso, por favor.	Less polite ↕ Very polite

Excepciones a la regla del uso de expresiones corteses con desconocidos se encuentran en avisos como:

NO SMOKING

NO SERVICES ON M25

CHEQUES WILL ONLY BE ACCEPTED WITH A BANKER'S CARD

(PROHIBIDO FUMAR)

(NO HAY AREAS DE SERVICIO EN LA M25)

(SOLO SE ACEPTAN CHEQUES CON TARJETA BANCARIA)

Sorry y *Thank you*: A los extranjeros siempre les parece que los británicos usan mucho las expresiones *sorry* y *thank you*.

Si se tropieza con alguien: *sorry*

Si se le olvida a uno echarle azúcar al café de alguien: *sorry*

Si alguien le cede el paso: *thank you*

Si alguien le pasa la sal: *thank you*

Sorry y *thank you* se emplean a manera de respuesta. Si de verdad quiere expresar su pesar tendrá que emplear más palabras:

Forma escrita: Let me apologise for your order not being delivered on the due date and for the problems this has caused. This was because of the recent strike by customs officials.

Forma hablada: I'm really sorry I'm late. I misread the timetable.

Franqueza: Por regla general los británicos no abordan de frente un asunto a menos que sea urgente, o después de haberlo intentado varias veces sin éxito. Por ejemplo:

May I use your calculator? — Forma más directa
Do you happen to have a calculator I can borrow?
I haven't got a calculator on me.
I've left my calculator in my suitcase. — Forma más indirecta

¿Puedo usar su calculadora?
¿Tiene una calculadora que pueda prestarme?
No tengo calculadora.
He dejado la calculadora en la maleta.

Conclusión: A un extranjero un hombre de negocios inglés pudiera parecerle vacilante, e incluso persona de poca confianza, cuando en realidad se está comportando de forma cortés e indirecta.

□ 2.3 Hospitalidad

Si alguien le invita a comer en su casa, sobre todo por la noche, lleve una botella de vino, *o* unas flores, *o* algo típico de su país. Si le invitan a cenar a las ocho no se presente antes de esa hora, ni más de un cuarto de hora después. En inglés no hay una expresión que se emplee al comienzo de una comida. Se puede decir algo así como: *That looks good* (Tiene muy buena cara), o *It smells delicious/wonderful* (Tiene un olor delicioso). Si tiene invitados ingleses en su país, tenga en cuenta que tal vez les guste estar solos de vez en cuando. Paul Theroux, escritor americano, dijo de los ingleses (no de los galeses, escoceses o irlandeses) que 'les preocupa mucho no molestar ni meterse en el fuero interno de los demás.'

□ 2.4 El *pub*

El *pub* británico es una verdadera institución que siempre encontrará a mano en el país. Es lugar de reunión para relajarse y ver a los amigos. No sirve para hablar de negocios serios. La mayoría de los *pubs* ofrecen comidas, cuya calidad varía de un *pub* a otro. La comida en un *pub* es mucho más barata que en un restaurante. Los *pubs* tienen más de un bar. El *public bar* suele tener juegos, música y máquinas; el *lounge bar* suele ser más tranquilo y más cómodo. En los *pubs* las bebidas y la comida hay que pedirlas en la barra. Hay que pagar en el acto. Se paga en la barra cada vez que se hace una consumición. Nadie viene a la mesa a preguntarle lo que desea. Tenga en cuenta que la gente tiene que dejar su asiento para ir a buscar bebidas; por ello, si está buscando un lugar para sentarse, pregunte antes de hacerlo: *Is this seat free*? (¿Está libre este asiento?) La consumición cuesta lo mismo de pie que sentado. Cuando hay un grupo de amigos lo normal es que cada uno pague una ronda para todos. Esto es lo que se

llama pagar las consumiciones *in rounds* (en rondas). Cuando le toque pagar a usted, puede decir: *What are you having?* (¿Qué vais a tomar?), *What would you like?* (Qué queréis?), *It's my round.* (Me toca a mí), *What'll it be?* (Qué va a ser?). Cuando se pide otra consumición lo normal es llevar el vaso a la barra. En un *pub* no se suele dar propinas. El brindis inglés es: *Cheers!* La bebida alcohólica más popular es la cerveza. La cerveza británica tradicional no se sirve muy fría y no es tan gaseosa como la americana o la de otros países. La mayoría de los *pubs* ofrecen varios tipos. *Pale Ale* no es muy fuerte y poco amarga. *Mild* es bastante suave y no tan fuerte como la llamada *bitter*. *Guinness* es una cerveza irlandesa espesa, negra y de sabor amargo.
Con la palabra *time* (la hora) se da a entender que ya no se pueden despachar más bebidas. Normalmente el dueño del *pub* suele gritar: *Last orders!* (Ultimas consumiciones) o tocar una campanilla diez minutos antes de la hora de cierre.

□ 2.5 Las colas

Tenga en cuenta que, en el Reino Unido, a la espera de cualquier servicio público (bancos, autobuses, retretes, supermercados, cines, teatros, etc.) se hace cola, es decir, los británicos esperan uno detrás de otro hasta que les toca la vez. No trate de colarse porque la gente se sentirá ofendida. En los *pubs* y en las tiendas pequeñas la gente no hace cola, pero espera su turno teniendo en cuenta quién va delante.

□ 2.6 Presentaciones y saludos

Los británicos cuando se saludan no suelen darse la mano ni besarse. Dan la mano cuando se les presenta a alguien, sobre todo en el mundo de los negocios. Cuando hable con un desconocido no le llame *Mr* o *Mrs* (estas formas se emplean siempre con el apellido de la persona: *Mr West*). Si quiere hablar con algún desconocido dígale: *Excuse me* (Perdone). Refiriéndose a la actitud de los ingleses hacia las personas que no conocen, Paul Theroux escribió: 'Los ingleses no hacen concesión alguna a los de otras nacionalidades. No se muestran ni hostiles ni afectuosos. De todas formas, el hablar o charlar no es un gesto de amistad en Inglaterra como lo era en los Estados Unidos. Hablar con desconocidos se considera como un desafío en Inglaterra; supone meterse en el peligroso mundo de las distinciones lingüísticas y sociales. Mejor permanecer callado . . . Los ingleses son tolerantes en el sentido de que estan dispuestos a cerrar los ojos a todo lo que pueda turbarles. Son compasivos, pero también son tímidos.'

□ 2.7 Propinas

Se suele dar propina en los restaurantes cuando no se incluye el servicio en la cuenta. La cantidad que se da de propina es del 10 al 15 por ciento del total de la cuenta. A los taxistas se les suele dar el 10 por ciento. Por lo general no se da propina en tiendas que venden comida cocinada, ni en los *pubs*, garajes, cines, y otros lugares de diversión.

□ 2.8 El tiempo

Como el tiempo es muy variable, es tema frecuenta de conversación. (Véase Sección B 1.4.2.)

Observación:			Respuesta:
Nice			
Lovely	day	isn't it?	Yes, isn't it.
Awful	weather		
Terrible			
Not very nice,			
Not so nice today,		is it?	No, it isn't.

El tiempo depende de la época del año y de la suerte que uno tenga. La diferencia entre las temperaturas de verano y de invierno no es tan grande como en otros países. Los meses más fríos suelen ser enero y febrero y la temperatura media de invierno de unos $4{,}5^0$. Los meses mas calurosos son julio y agosto y la temperatura media de verano es de $15{,}5^0$. Claro que puede ponerse a llover en cualquier momento, aun cuando amanezca con un cielo azul y brillante.
Una de las consecuencias del tiempo británico es que la gente pasa más horas en casa que en los países de mejor clima. Esto hace que los británicos tengan fama de reservados.

3 Servicios postales internacionales

En la lista que aparece a continuación se describen algunos de los principales servicios postales. Para más información sobre todos los servicios que ofrece Correos consúltese *The Post Office Guide* en cualquiera de sus oficinas centrales.

Advice of Delivery El remitente de la carta o paquete recibe un aviso cuando éste llega a su destino. Esta servicio sólo se presta en artículos certificados y asegurados.

Direct Mail Permite enviar a los clientes, por vía rápida o normal, cartas o tarjetas, a las que se puede contestar sin pagar franqueo.

Franc de Droits Sólo para paquetes. El remitente paga los aranceles y demás costes en el país de origen.

Insurance Seguro para cartas y paquetes. Ofrece justificante de envío, protección especial en tránsito, recibo de entrega y seguro hasta el máximo fijado.

International Datapost Servicio especial y rápido a cualquier país. Ideal para el envío urgente de paquetes a cualquier parte del mundo.

International Reply Coupon Con él se paga de antemano el franqueo de la respuesta desde otro país.

Letters y *letter packets* A Europa: un sólo tipo de envío llamado *All-up*. A países no europeos: vía aérea y terrestre. Los paquetes requieren certificado de aduanas. Es la forma más sencilla de enviar artículos de menos de dos kilos.

Printed papers Los impresos a Europa no van por via aérea. A otros países van por avión o por tierra. Hay tarifas especiales para anuncios, listas de precios, etc.

Registration La certificación comprende recibo de envío, recibo de entrega (si se desea) y compensación limitada en caso de pérdida o desperfecto.

Swiftair Servicio más rápido que el correo normal para el envío de cartas o impresos. Incluye entrega urgente en los países que ofrecen tal servicio.
Se requiere certificado de aduanas para todos los artículos, salvo cartas o impresos. En paquetes pequeños y en cualquier envío al extranjero hay que poner el nombre y dirección del remitente.
British Rail tiene un servicio llamado *Red Star* para el envío urgente de paquetes dentro del Reino Unido o a cualquier país extranjero. Los envíos pueden pasar a recogerse en la estación de destino o llevarse a domicilio. Para usarlo busque *British Rail* en la guía telefónica o persónese en las oficinas de *Red Star* en cualquier estación importante.

4 Telecomunicaciones

□ 4.1 Servicios de *British Telecom (BT)*

British Telecom es una sociedad anónima. Su permiso de operaciones le obliga a mantener una red de telecomunicaciones por todo el país, así como algunos servicios esenciales tales como urgencias, cabinas telefónicas públicas y servicios marítimos especiales. La *Mercury Communications Ltd.* mantiene, bajo licencia, la segunda red en importancia de telecomunicaciones públicas.
A continuación se describen algunos de los servicios de telecomunicación más importantes en Gran Bretaña.

Instalaciones para congresos:
Business Television Ofrece a cualquier empresa una red televisiva para conectar con sus sucursales en cualquier parte del mundo. Permite los intercambios verbales en ambas direcciones.

Conference Call Servicio de *British Telecom* para celebrar reuniones por teléfono. Para celebrar una reunión con personas en distintos lugares del mundo los participantes no tienen más que marcar el mismo número a una hora dada. Lo único que necesitan es un teléfono normal en casa o en la oficina.

Conference 2000 A través de este servicio grupos de hasta 20 personas pueden ponerse en contacto por vía telefónica. Funciona con un micrófono y un altavoz, una unidad de control y un teléfono con enchufe.

Confertel Bridge Posibilita el contacto telefónico entre personas que están en distintos puntos del globo, valiéndose de lineas telefónicas normales. Sistema controlado por el usuario.

Confravisión Permite la celebración de reuniones 'cara a cara' entre grupos de personas, dentro del Reino Unido o en otros países.

International Videoconferencing Servicio de comunicación para establecer contacto de sonido e imagen entre lugares distantes. Dos grupos pequeños, en lugares distintos – bien en las instalaciones de BTI o en las oficinas de una empresa – pueden verse y hablarse. También permite la proyección de diapositivas, diagramas e ilustraciones en encerado blanco.

Guías y servicios de información:

Business Information Centre Biblioteca y servicios de información para consultas sobre asuntos tecnológicos y cambios en el mercado. También facilita la información más reciente sobre empresas, productos y servicios tanto del Reino Unido como de cualquier otro país.

Business Pages Guía para el usuario comercial. Se publica anualmente en siete tomos que ofrecen información sobre más de 400.000 empresas. Cada tomo abarca uno de los principales centros comerciales/industriales de Gran Bretaña.

Citiservice El servicio de *Prestel* ofrece información de última hora desde los principales centros financieros del mundo sobre cotizaciones de valores, movimientos bursátiles, cambio de divisas, tipos de interés y noticias y análisis comerciales y financieros. Véase también *Prestel.*

Hotline Banco de datos de acceso directo con información comercial. Ofrece datos sobre mercados y empresas europeas, así como noticias de las principales publicaciones comerciales de todo el mundo.

Phone Books Además de nombres y números en las Guías Telefónicas hallará los códigos territoriales y los indicativos internacionales, los números de los servicios públicos, información sobre servicios locales y sobre los productos y servicios de *British Telecom.* Hay 128 guías para todo el país.

Fax Directory Guía con los nombres y números de Fax.

Prestel Servicio de videotex que ofrece *British Telecom.* A través de él y por medio de líneas telefónicas es posible conectar una pantalla de televisión, en cualquier hogar u oficina, con terminales de ordenadores en las que se recoge y actualiza constantemente gran cantidad de información. También permite 'hablar' con el ordenador y de esta forma se pueden solicitar folletos informativos, hacer reservas de avión o de hotel, etc.

Yellow Pages Unas 250,000 empresas se anuncian en las Páginas Amarillas, guía de la que se publican 66 tomos para todo el país. Los nombres y direcciones de las empresas se agrupan de acuerdo con los productos o servicios que ofrecen. Todas las personas con teléfono reciben la guía de Páginas Amarillas que corresponde a su región.

Servicios telefónicos gratuitos:
Freefone Con este sistema es la operadora la que establece la conexión con la empresa y ésta paga el coste de la llamada. La persona que llama marca el 100 y da el nombre o número de *Freefone* correspondiente.

International 0800 Permite realizar llamadas gratuitas desde el extranjero a empresas británicas. Estas llamadas pueden hacerse de forma automática desde Estados Unidos, Australia, Canadá, Francia, Dinamarca, Italia, Países Bajos, Suecia, Suiza y Alemania Federal.

Conexiones entre ordenadores:
International Datel Se utiliza para la transmisión de datos a través de la red telefónica normal. Permite conectar terminales de datos y ordenadores con equipos compatibles en más de 70 países y lo hace por el precio de una llamada telefónica.

International Telex Servicio para la transmisión de textos a alta velocidad a cualquier lugar del globo con compatibilidad entre terminales de muchas marcas.

Telecom Gold Se sirve de la red telefónica normal. *Telecom Gold* permite el uso de una gran variedad de terminales (ordenadores personales, procesadores de textos y aparatos de viewdata) para intercambiar mensajes en pocos segundos. *Telecom Gold* también da acceso a bancos de datos y telex. Se basa en un sistema aceptado internacionalmente y permite establecer comunicación con más de 14 países.

Otros servicios comerciales:
Network Nine Los que estén suscritos al *City Connection* del *Network Nine* pueden disponer de vez en cuando de una oficina completa. Los *Business Centres* ofrecen a los hombres de negocios que están de paso un lugar para celebrar reuniones, escribir, enviar télex o facsímiles, o contar con los servicios de secretarias. También es posible alquilar una oficina montada por períodos de tres meses o más.

Servicios de Traducción Servicio para la traducción de documentos. Traducciones urgentes al alemán, francés, italiano, portugués y español, y, avisando de antemano, a otros idiomas también. Puede utilizarse para hacer llamadas telefónicas, bien realizando la llamada en un idioma extranjero, bien con interpretación consecutiva de la conversación. También ofrece intérpretes para reuniones y congresos. Tel: Londres (01) 836 5432.

Westminster Communications Centre Está situado en la Broadway, Londres SW1, y ofrece servicios de telecomunicación para turistas y hombres de negocios. El cliente puede hacer llamadas telefónicas, enviar telex, enviar documentos por telefax, disponer de servicios mecanográficos para cartas e informes, enviar telegramas y telemensajes, y utilizar fotocopiadoras. También puede alquilar aparatos como teléfonos portátiles o radioteléfonos. Abierto de 9.00 a 19.00 horas los siete días de la semana. Tel: Londres (01) 222 4444.

Bureaufax Es un servicio para los que quieran enviar mensajes por telefax al extranjero o dentro del Reino Unido. La central está en Bureaufax International Centre, St Botolph's House, St Botolph's Street, Houndsditch, London EC3. Tel: Londres (071) 492 7271. Tiene más de 25 agencias regionales.

Intelpost Es un servicio del *Royal Mail* para el envío de mensajes vía fax, tanto a los que tengan este tipo de máquina como a los que no la tengan. Los mensajes/documentos pueden enviarse desde cualquier oficina de correos que tenga el distintivo de *Intelpost*, o directamente con un micro-ordenador o una máquina de fax o telex. Para más información marque el 100 y pida *Freephone Intelpost*.

□ 4.2 Teléfonos

Teléfono de pago El más corriente en lugares públicos es ahora el *Blue Payphone*. Con él pueden realizarse llamadas urbanas, interurbanas e internacionales. Puede usarse todo tipo de monedas, salvo las de un penique, y devuelve las no usadas. Pueden hacerse comunicaciones sucesivas con el saldo que quede. Primero introduzca las monedas y después teclée el número que desea. Cuando llame desde un teléfono más antiguo marque primero y cuando oiga un tono corto intermitente introduzca una moneda de 10 peniques. Estos teléfonos sólo funcionan con monedas de 10 peniques. La repetición del tono intermitente le indicará que tiene que introducir más dinero. En los *blue payphones* tiene que introducir el dinero antes de marcar. Los teléfonos de *Creditcall* permiten hacer llamadas con tarjetas de *Access, American Express, Diner's Club* o *Visa*. Para llamar se desliza la tarjeta por el registrador a uno de los lados del teléfono y se marca el numero. El coste de la llamada se carga a la cuenta de la tarjeta de crédito. Los teléfonos de *Phonecard* hacen uso de una tarjeta especial en vez de monedas. Estas tarjetas telefónicas – por valor de 10, 20, 40 100 0 200 unidades – pueden adquirirse en cualquier oficina de correos, estanco o quiosco de prensa que tenga el símbolo de *Phonecard*.
Todos los teléfonos de Londres empiezan con el 071 o 081 seguido de siete cifras. Si está en Londres no tiene que marcar el 071 o 081. Si desea realizar una llamada interurbana necesitará el codigo del lugar al que va a llamar. Los códigos territoriales aparecen en las primeras páginas de la guía telefónica, o pueden pedirse a la operadora.

Llamadas de urgencia Marque el 999 y pida que le pongan con la policía, ambulancias o bomberos.

Información Marque el 192. Podrán facilitarle el número que desee, siempre que sepa el nombre de la persona o empresa y la ciudad. En Información también le facilitarán el número de otros servicios telefónicos como Información internacional o Códigos internacionales.

Operadora Para llamadas de cobro revertido o en caso de dificultad marque el 100. Una llamada personal a través de la operadora cuesta más, pero merece la pena si la llamada se hace a más de 56 kms. La operadora puede facilitar además, a través de una llamada *A, D and C (advice duration and charge)* la duración y coste de la misma.

Los números que facilitan información meteorológica, horaria, comercial, teleruta, etc. aparecen en las primeras páginas de la guía telefónica de cada zona.

Para enviar telegramas internacionales marque el 193.

Los tonos:

El tono para marcar es un zumbido continuo: brrrrrrr

El tono que indica que está ocupado es un zumbido corto interrumpido: brr brr brr

El tono que indica que está sonando es intermitente, más agudo y en pares: bur bur, bur bur, bur bur

El tono que indica que no es posible la comunicación porque el otro teléfono no funciona es un zumbido agudo continuo: biiiiiiii

En las cabinas telefónicas se le indica cuándo debe introducir el dinero por medio de un tono agudo: biip biip biip.

□ 4.3 Llamadas internacionales

Para conectar con Inforamción Internacional marque el 153. Para llamar directamente a otro país marque el 010 y luego el indicativo correspondiente. Por ejemplo:

A:	Francia	Alemania	Italia	España	EE.UU.
Desde el RU:	010 33	010 49	010 39	010 34	010 1

Cerciórese de las diferencias de horario antes de llamar.

□ 4.4 Sugerencias para el uso del teléfono

No llame a una persona a su casa para hablarle de negocios. Si se ve obligado a hacerlo, excúsese diciendo: *I'm sorry to call you at home but . . .* (Perdone que le llame a casa pero . . .)

No use el teléfono de otras personas a menos que sea inevitable. Y si lo hace trate de abonar la llamada.

Las llamadas que se realicen desde las 9.00 a las 13.00 horas cuestan un 33% más.

Al contestar el teléfono dé su nombre y apellido; a menos que sea usted la recepcionista en cuyo caso dé el de la empresa.

Averigüe si su hotel cobra más por hacer llamadas desde la habitación. Probablemente sea más barato llamar desde el vestíbulo.

No use el nombre de pila con personas que no conoce.

Llame a Información para conseguir un número. Aunque las guías telefónicas no cuestan nada, no podrá usarlas si no sabe cómo se escribe el nombre en inglés. Muchos nombres ingleses que se pronuncian igual se escriben de forma distinta. Tiene que saber el apellido, las iniciales y la dirección.

Haga uso del teléfono para el cobro de deudas. Una llamada telefónica suele surtir mejor efecto que una serie de cartas corrientes.

5 Fuentes de información

La mayoría de las bibliotecas regionales facilitan información comercial y técnica tanto a empresas como a cualquier ciudadano. Este servicio de información puede utilizarlo personándose en el lugar, o por teléfono o carta. Los números y direcciones de las bibliotecas están en las Paginas Amarillas bajo *Libraries*. Las horas en que están abiertas, aunque varían, suelen ser de 9.30 de la mañana a 5.00 de la tarde.

□ 5.1 Guías, revistas y libros

Fuente	**Información**
Ceefax (BBC) y *Oracle (ITV) transmiten datos a través de las pantallas de televisión. (Véase también* *Prestel*, Sección C 4.1.)	Informes sobre el mercado bursátil en Londres y en el extranjero. Divisas. Cotización de valores. Mapa del tiempo. Servicios de trenes y aviones. Noticias más importantes. Espectáculos y deporte. Guía gastronómica. Información sobre industrias manufactureras y de servicios. Información gubernamental.
Noticias de actualidad y económicas:	
Business Monitors (HMSO)	Estadísticas actualizadas sobre industria manufacturera, energética, minera, de servicios y distribución, recogidas por el *Business Statistics Office (BSO)*.
Municipal Yearbook, Public Services Directory (Anuario Municipal y Guía de Servicios Públicos)	Administración local.
Times Guide to the House of Commons (Guía *Times* de la Cámara de los Comunes)	Diputados parlamentarios.
Keesing's Record of World Events	Estadísticas gubernamentales.

Monthly Digest of Statistics (HMSO) (Compendio Mensual de Estadística	
Hansard	Debates parlamentarios.
Whitaker's Almanack	Información mundial, embajadas británicas y de otros países, nobleza, ministros, diputados, Banco de Inglaterra, tribunales, CEE, Naciones Unidas, comercio, artes. Publicación anual.
Britain: An Official Handbook	Publicación oficial revisada todos los años. Información sobre Gran Bretaña, su gobierno e instituciones.
Who's Who (Quién es quién)	Biografías de personas eminentes que aún viven.
International Yearbook (Anuario Internacional), *Statesman's Who's Who*	Biografias de personas con relevancia internacional.

Guías comerciales:

Directory of British Associations and Associations in Ireland	Asociaciones comerciales/profesionales cámaras de comercio, sindicatos.
Benn's Press Dictionary, Willings Press Guide	Periódicos, revistas profesionales.
Kempe's Engineer's Year book.	Ingeniería.
Banker's Almanac and Year Book	Banca.
Directline	Guías de información comercial, mapas y listas de distribuidores.
Financial Times International Year Books	Cuatro guías anuales de empresas internacionales: petróleo, gas, minas, seguros e industria.
UK Kompass	Registro de industrias y empresas británicas. En el tomo I se incluyen productos y servicios; en el II información sobre empresas por orden geográfico. *Kompass* publica también guías europeas.

Kelly's Directory of Manufacturers and Merchants	Registro de fabricantes, mayoristas y empresas de servicios en el Reino Unido. Incluye lista de importadores británicos, según productos importados, y de exportadores internacionales.
Ryland's Directory	Lista de empresas, incluidos los productos que fabrican y venden. Usado en ingeniería británica.
Europages	Guía de exportadores de Bélgica, Alemania Federal, Francia, Italia y Países Bajos. Clasificada según productos o servicios, con ediciones en las lenguas de los países donde se distribuye.
UK Telex Directory	Lista de suscriptores al servicio de telex, con números, código de respuesta, tarifas y servicios.
Yellow Pages	Nombre, dirección y número de teléfono de todas las empresas de una zona, clasificadas según su actividad.
Post Office Guide	Servicios postales, servicios bancarios de Correos, giros postales.
Kelly's Street Directories	Tomos individuales para las ciudades principales, con listas de calles, de residentes, de profesionales, y guía comercial e industrial.

Viajes:

ABC Hotel Guide	Hoteles y restaurantes.
AA Members Handbook	
Good Food Guide	
Michelin Guides,	
Egon Ronay's Cellnet Guide (hoteles, restaurantes y mesones)	
Egon Ronay's Pub Guide	
Egon Ronay's PG Tips Guide (platos combinados y snacks)	
Egon Ronay's Minutes from the M25 Guide	

ABC Shipping Guide, Lloyds List and Shipping Gazette (Guía Marítima ABC, Lloyds List y Gaceta Marítima.)	Servicios marítimos.
ABC Coach and Bus Guide (Guía ABC de Servicios por Carretera)	Servicios de autobuses y autocares.
ABC Guide to International Travel (Guía ABC de Viajes Internacionales)	Información sobre pasaportes, visados, requisitos sanitarios, clima, etc. Información por países.
ABC World Airways Guide	Servicios Aéreos
ABC Rail Guide (Guía ABC de Ferrocarriles)	Servicios, horarios y tarifas de los ferrocarriles británicos.
Thomas Cook Continental Timetable (Horario Continental de Thomas Cook)	De publicación mensual. Servicios de ferrocarril y marítimos en todos los países europeos. Expreso transeuropeo y horario del servicio *InterCity*. Pasaportes, visados, normas sobre divisas.
Thomas Cook Rail Map of Europe	Líneas ferroviarias de pasajeros en Europa
Europe International Passenger Timetable (British Rail) (Horario Europeo de Servicios de Pasajeros)	Horarios e información general sobre los servicios *Eurocity*.
Hints to Exporters (Sugerencias para Exportadores)	Folletos sobre diversos países, publicados por la *British & Overseas Trade Board*, con información sobre comunicaciones, aduanas, controles de entrada.
InterCity Guide (British Rail) (Guía InterCity)	Información y horario de los servicios *InterCity*.

☐ 5.2 Direcciones de organismos que prestan servicios e información

Association of British Chambers of Commerce Sovereign House 212a Shaftesbury Avenue Londres WC2H 8EW	Exportaciones; información y documentación de la CEE; cursos y seminarios; servicios de telex y fax; formación, asuntos legales, servicios de traducción, bibliotecas.
British Institute of Management Management House Cottingham Road Corby Northants NN17 1TT	Centro bibliotecario y de información sobre temas empresariales. El servicio *Online* del *BIM* tiene acceso, por medio de ordenadores, a bancos de datos en todo el mundo y puede facilitar información sobre empresas y marketing.
British Overseas Trade Board 1–19 Victoria Street Londres SW1H OET	Presta ayuda práctica: asistencia financiera, información concreta y se encarga de coordinar y dirigir la promoción de exportaciones.
Central Office of Information Hercules Road Londres SE1 7DU	Información sobre Gran Bretaña: sus gentes, gobierno y administración, servicios sociales, asuntos financieros, ciencia e investigación, asuntos exteriores y defensa.
Companies House 55 City Road Londres EC1	Vende en microfichas datos financieros de cualquier empresa.
Data Stream Monmouth House 57–64 City Road Londres EC1Y 2AL	Acceso a bancos de datos de ordenadores, con información empresarial actualizada constantemente.
Dun and Bradstreet Ltd. 26–32 Clifton Street Londres EC2P 2LY	Envía información a cualquier parte del mundo, especializándose en ciertos sectores financieros y comerciales de Londres.
Extel Services Ltd. 37 Paul Street Londres EC2	Datos y estudios en profundidad de ciertas empresas.
Information Services Division Cabinet Office Great George Street Londres SW1P 3AQ	Facilita información estadística recogida por el Servicio Gubernamental de Estadística, la Oficina Central de Estadística y la Oficina de Estadística Comercial

Institute of Marketing Moor Hall Cookham Maidenhead Berks SL6 9QH	Mantiene enlaces entre organismos de mercado británicos, europeos e internacionales.
Institute of Purchasing and Supply Easton House Easton on the Hill Stamford Lincs PE9 3NZ	Central británica para todas las operaciones de compra y distribución. Facilita consultas, organiza cursillos y determina estándares profesionales.
International Chamber of Commerce Centre Point 103 New Oxford Street Londres WC1A 1DU	Facilita información y presta servicios de promoción al exportador, tales como la organización de visitas y misiones comerciales a distintos países.
Jordan and Sons Ltd. Jordan House Brunswick Place Londres N1 6EE	Presta una amplia gama de servicios, bien *on line*, bien por escrito, tales como estudios en profundidad de sectores industriales o listas de posibles clientes.
London Business School Financial Services London Business School Sussex Place Londres NW1 4SA	Ofrece un servicio financiero llamado *Risk Measurement Service* (Servicio de cálculo de riesgos).
Simplification of International Trade Procedures Board (SITPRO) Almack House 26 – 28 King Street Londres SW1Y 6QW	Organismo encargado del sistema de documentación para la exportación de mercancías.

□ 5.3 Academias de inglés en el Reino Unido

Son muchos y muy diversos los cursos de inglés, desde cursos generales para turistas hasta cursos especializados, para los que necesitan saber inglés por razones de trabajo o estudio, como hombres de negocios, profesores, médicos, etc.

El *British Council* (Instituto Británico) facilita información sobre los cursos en Gran Bretaña. Este organismo tiene representantes en muchos países y es aconsejable consultarles si desea estudiar en Gran Bretaña. Ellos se encargan de inspeccionar las academias y escuelas cada tres años. Su dirección en el Reino Unido es:

The British Council
10 Spring Gardens
Londres SW1A 2BN

Cuando una academia cuenta con la aprobación del Instituto Británico puede integrarse en *ARELS-FELCO*, asociación de escuelas privadas de idiomas. A través de esta asociación puede obtener información sobre academias de cierta garantía. Su dirección es:

ARELS-FELCO Ltd.
125 High Holborn
Londres WC1V 6QD

Muchos de los centros que pertenecen a *CIFE* también cuentan con la aprobación del Instituto Británico. *CIFE* es una asociación de academias privadas de enseñanza superior. Para obtener información escriba a:

CIFE
PO Box 80
Guildford
Surrey GU1 2NL

BASCELT es una asociación de colegios estatales de enseñanza superior que organiza cursos de inglés. Está reconocida por el Instituto Británico. Un folleto con información sobre diversos cursos puede obtenerse escribiendo a:

BASCELT
Hampstead Garden Suburb Institute
Central Square
Londres NW11 7BN

El *British Tourist Authority* (Departamento de Turismo Británico), que tiene oficinas en muchos países, publica un folleto sobre cursos de inglés en Gran Bretaña. Para obtenerlo escriba a:

British Tourist Authority
Thames Tower
Black's Road
Hammersmith
Londres W6 9EL

☐ 5.4 Libros de consulta de utilidad para visitantes cuyo idioma no es el inglés

English Learner's Diary, Keith y Ruth Carr, English Immersion Publications
Agenda con información sobre la organización de la vida en Gran Bretaña, el modo de expresarse en ciertas situaciones y cómo ir de un lugar a otro.

Discover Britain, C. Lindorp y D. Fisher, Cambridge University Press.
Información práctica y variada para el visitante, en un lenguaje normal y corriente. Se incluyen, entre otros temas, viajes, dinero, alojamiento, comida, pubs, el tiempo.

An A to Z of British Life. A. Room, Oxford University Press.
Información sobre medios de comunicación, deporte, espectáculos, comida, enseñanza, trabajo, arte, historia y geografía. En cada sección los temas están clasificados por orden alfabético.

Fitting in, J. Hill, Language Teaching Publications
Información general y lingüística para el que viene a Gran Bretaña y tiene que ir de compras, ir a la estación, hablar por teléfono, preguntar por donde tiene que ir, etc.

ABREVIATURAS

@	at the rate of	a razón de	
AA	Automobile Association	Club Automovilístico	
ABTA	Association of British Travel Agents	Asociación Británica de Agentes de Viajes	
AC	alternating current	corriente alterna	C.A.
a/c	account (banking)	cuenta (bancaria)	c/ cta.
AGM	Annual General Meeting	junta general anual	
am	ante meridiem – morning	antes de mediodía, mañana	
APR	annual percentage rate	porcentaje anual	
AWB	air waybill	carta de porte aéreo	
BBC	British Broadcasting Corporation	Radio/Televisión Británica	BBC
B/D	bank draft	giro bancario	g/
B/E	bill of exchange	letra de cambio	L/c
BIM	British Institute of Management	Instituto Británico de Administración	
B/L	bill of lading	conocimiento de embarque	
BOTB	British Overseas Trade Board	Consejo británico de exportación	
BR	British Rail	Ferrocarriles británicos	
Bros	brothers	hermanos	Hnos.
BST	British Summer Time	hora estival británica	
Btu	British thermal unit	unidad termoquímica británica	
C	centigrade	centígrado	
©	copyright	propiedad literaria	Ⓟ
CAP	Common Agricultural Policy		
CBI	Confederation of British Industry	Confederación de industrias británicas (organización patronal)	
cc	cubic centimetres/carbon copy	centímetros cúbicos/copia carbón	c^3
CET	Central European Time	hora centroeuropea	
C&F	cost and freight	costo y flete	
CIF	cost/insurance/freight	coste/seguro/flete	C.S.F.
cl	centilitre	centilitro	cl
cm	centimetre	centímetro	cm., c.
C/N	credit note	nota de crédito	
Co	Company	compañía	C., Cia.
COD	cash on delivery	cobro a contraentrega	C.A.E.

CR	company risk/credit/ creditor	riesgo de la empresa/ crédito/acreedor	
CWO	cash with order	pago al contado	
D/A	deposit account documents for acceptance	cuenta de ahorro/ documentos contra aceptación	
DC	direct current	corriente directa	C.D.
DGN	dangerous goods note	mercancía peligrosa	
D/N	debit note	factura	f., fra.
D/P	deferred payment	pago aplazado	
E&OE	errors and omissions excepted	salvo error u omisión	s.e.u.o.
ECGD	export credits guarantee department	departamento de garantía para créditos de exportación	
EEC	European Economic Community	Comunidad Económica Europea	C.E.E.
EFTA	European free trade area	Associación Europea de libre comercio	
EMA	European Monetary Agreement	Acuerdo monetario europeo	
enc(s)/ encl	enclosure/s	anexo/s, adjunto	adj.
ETA	estimated time of arrival	probable hora de llegada	
etc.	et cetera – and other things	y otras cosas	etc.
F	Fahrenheit	Fahrenheit	
FAS	free alongside ship	puesto al costado del buque	
Fax	facsimile	facsímil	fax
FCL	full container load	container completo	
FOB	free on board	franco a bordo	F.A.B.
FOQ	free on quay	franco al muelle	
FOR	free on rail	coste con transporte ferroviario	
GATT	General Agreement on Tariffs and Trade	Acuerdo general sobre aranceles aduaneros y comercio	
GMT	Greenwich Mean Time	hora de Greenwich	
GNP	Gross National Product	producto nacional bruto	P.N.B.
GP	General Practitioner (Doctor)	médico de cabecera	
GRN	goods received note	acuse de recibo de envío	
ha	hectare	hectárea	H.,Ha.,hect.
HAWB	house air waybill	carta de porte aéreo de la casa	
hg	hectogram	hectógramo	Hg.
hl	hectolitre	hectólitro	Hl.
hm	hectometre	hectómetro	Hm.

HMSO	Her Majesty's Stationery Office	librería oficial del gobierno	
HS	harmonized system		
IATA	International Air Transport Association	Asociación Internacional de Transporte Aéreo	I.A.T.A.
IDD	International direct dialling	marcado internacional directo	
IMF	International Monetary Fund	Fondo Monetario Internacional	F.M.I.
Inc	Incorporated	sociedad anónima	S.A.
ISO	International Standards Organization	Organización Internacional de Normas	
kg	kilogram	kilo	Kg
kl	kilolitre	kilolitro	Kl
km	kilometre	kilómetro	km
kw	kilowatt	kilovatio	Kv
l	litre	litro	l
lb	pound (weight)	libra (peso)	
L/C	letter of credit	letra de crédito	L/C
LCL	less than container load	carga parcial de container	
Ltd	Limited	limitada	
m	metre	metro	m
MD	Doctor of Medicine	médico	
MFNT	Most Favoured Nation Tariff	tarifa preferencial	
mg	milligram	miligramo	
mm	millimetre	milímetro	mm
MLR	minimum lending rate	tasa de préstamo mínima	
MP	Member of Parliament	diputado	
mph	miles per hour	millas por hora	
n/a	not applicable/non acceptance	no corresponde/no se acepta	
NB	Nota bene – note well	nótese bien	
NCV	no commercial value	sin valor comercial	
NHS	National Health Service	Servicio nacional de sanidad	
No	number	número	nº, num
O/D	overdraft (banking)	débito	
ono	or nearest offer	u oferta cercana	
o.r.	owner's risk	responsabilidad del propietario	
oz	ounce (weight)	onza	
pa	per annum – per year	por año, al año	
P&P	postage and packing	gastos de embalaje y envío	
PLC	Public Limited Company	compañía pública limitada	
pm	Post meridiem – afternoon	tarde (pasado el mediodía)	

PM	Prime Minister	Primer Ministro	
pp	pages / per pro – on behalf of	páginas / por orden, por poder	p.o.
PTO	please turn over	véase al dorso	
RAC	Royal Automobile Club	Real Automóvil Club Británico	
Re	with reference to	con referencia a/ en cuanto a	
RSVP	répondez s'il vous plaît – please reply	se ruega contestación	S.R.C.
SAE	stamped addressed envelope	sobre franqueado y con señas	
S/N	Shipping note	notificación de embarque	
SO	standing order	instrucción de pagos regulares	
SOR	sale or return	venta o devolución	
STD	subscriber trunk dialing	llamada personal de larga distancia	
stg	sterling	esterlina	
TIR	Transport International Routier – international agreement allowing goods through frontiers without a customs examination	acuerdo internacional que permite que la mercancía cruce fronteras sin examen de aduana	T.I.R.
VAT	Value Added Tax	impuesto sobre valor añadido	I.V.A.
VCR	video cassette recorder	grabador de vídeo	
VDU	visual display unit	presentación osciloscópica	
VIP	Very Important Person	personaje importante	

Bilingual Handbook of Business Correspondence and Communication

English – Spanish

CONTENTS

Part 2 Expressions used in business correspondence

SECTION B BUSINESS COMMUNICATION

SECTION C BUSINESS AND CULTURAL BRIEFING ON SPAIN

INTRODUCTION

This half of the book is divided into three sections:

SECTION A COMMERCIAL CORRESPONDENCE

Part 1 Organization of a letter

This covers the presentation and style of modern business letters with explanations of parts of Spanish business letters, a description of the style in commercial correspondence and guidelines on how to plan a letter. Examples are given where relevant.

Part 2 Expressions used in business correspondence

This provides a selection of phrases and sentences which have been taken from authentic letters. They have been chosen to provide examples of modern business style and to be used as a source of reference. The expressions are classified under various headings according to subject matter.

SECTION B BUSINESS COMMUNICATION

This section describes the use of the telephone, telex and telegrams in Spain with examples of each method of communication.

SECTION C BUSINESS AND CULTURAL BRIEFING ON SPAIN

In this section you will find information for the business person visiting Spain or for the secretary who has to organize a visit. It gives general information about the country as well as more detailed descriptions of the transport system, hours of business, postal services and telecommunications. There is also a section on the customary behaviour of the Spaniards. Although it is unwise to make generalizations about the etiquette or behaviour of a whole nation, the points made in this book have been taken from remarks made by many visitors to Spain. It is hoped they will provide useful information to enable the visitor to recognize the accepted conventions.

At the end of this section is a list of further sources of information useful for the business traveller to Spain.

Every effort has been taken to make sure the facts given are up-to-date and correct; however the business world is always changing and some of the information may have changed since publication.

SECTION A: COMMERCIAL CORRESPONDENCE

Part 1 Organization of a letter

1 Layout of a Spanish business letter

□ 1.1 Letterhead

Spanish business letters, like English ones, generally have a printed letterhead at the top. This includes the sender's name, address, and telephone number. In addition there may be the sender's telex number, fax number and cable address, as well as their *I.V.A.* (VAT) number.

S.L. or *S.R.L.* (*Sociedad de Responsabilidad Limitada*) is the equivalent of 'Ltd'. This shows that the company has shareholders who are held responsible only for the capital they have invested if the company goes bankrupt. If such a company owes you money and they go bankrupt, you can only get what the company owes (limited liability). The shares cannot be bought by the general public.

S.A. (*Sociedad Anónima*) is a slightly wider form of the British equivalent 'PLC/plc (Public Limited Company)', whose shares can be bought by the public.

y Co (*y Compañía*) (& Co) This means that the company is a partnership between two or more people. Partnerships may be limited or not. Usually the partners' names are included in the letterhead.
. . . *e hijos/hermanos* (and sons/brothers) may be added after the name to show that members of the same family are involved in the business. *Vda de/Viuda de* . . . means the owner's widow continues to run the business.

Directorio (Board of Directors) The names of the directors (those who decide on the overall policy of the company) may also be given.

Sede/s (address/es) The letterhead may also give other addresses where the company is based.

Número de Registro (registered number) This is the number given to the company when it is registered. It is usually given with the country or city in which it was registered, and is generally printed at the foot of the page.

Logotipo (Logo) This is the company emblem or trademark.

□ 1.2 Parts of the letter

1.2.1 References

On a printed letterhead, references are usually printed: Nuestra Ref.
Su Ref.

A reference can be: the initials of the writer and secretary: PJD/SD; a file reference number; an account number; a customer reference number.

1.2.2 Date

The date is written underneath the reference as follows:

Place	Day		Month		Year
Madrid	24	de	enero	de	1992

Another modern variant is 24/01/92

1.2.3 Inside name and address (receiver's name and address)

Use a new line for each of the following:

Title + initials/First name + Family name.	Sr Carlos Gonzalez Fraile
Position in Company	Director de Ventas
Name of Company	Metacrilatos, S.A.
Street/Avenue + Number, floor number.	Calle de la Providencia 27, 3º B
Name of town or city + code	Alcalá de Guadaire
Province	Sevilla
Country	España

When a letter is addressed to a town, the (*Provincia*) Province should be added.

1.2.4 Titles

Give the title, followed by the surname, when addressing a person whose name you know:

Sr. López, Sra. de López, Srta. López (With initials or first name if known) (Mr López, Mrs López, Miss López)

Other titles: *Dr* (Doctor), *Profesor, Coronel, General*, etc, are also followed by the surname with or without initials or first name Doctor Alejandro Marini, General D J Plaza.

Ministers, ambassadors, dukes and grandees, and presidents of national corporations are addressed as *Excelencia*.

The director of a Ministry, and the leader of the Municipal District Council are addressed as *Ilustrísimo señor*.

Judges and Magistrates are addressed as *Señoría*.

Members of Consulates are addressed as *Honorable señor*.

To address ecclesiastics use: *Eminentísimo* for Cardinals, Primates, Nuncios, etc. *Reverendísimo* for Bishops, Abbots, Priors, etc. *Reverendo* for all other priests, etc.

If you don't know the person's name:

1. Give or guess his job title: Director de ventas (Sales Manager) or Encargado de Relaciones Públicas (PR Officer)
2. Give the department: Sección de contabilidad (Accounts dept) or Sección de promoción de ventas (Sales dept)
3. Just leave out the name and title and give the company's name.

1.2.5 Salutations

In Spanish letters the salutation is always followed by a **colon**, not a comma as in English.
Address people whose name you don't know as:

Muy señor mío	(When speaking for yourself – Dear Sir)
Muy señor nuestro	(When speaking for your company – Dear Sir)
Muy señores míos/nuestros	(Dear Sirs)
Señores	(Gentlemen)

In all cases take care to stick to the singular or plural used in the salutation, throughout the letter.
Address someone whose name you do know as:

Estimado Sr. López	(Dear Mr Lopez)
Estimada Sra. de López	(Dear Mrs Lopez)
Estimada Srta. Claudia López	(Dear Miss Claudia Lopez)

Never use initials in a salutation.
The use of *Don* and *Doña* is very polite but now rather old-fashioned. It must always be used with a first name, whether or not it is followed by the surname:
Estimado Sr. Don Carlos López:
Estimada Sra. Doña María:
Spaniards usually use two surnames: the first is their father's, the second their mother's maiden name. It is safest to address them with both as in their signature, but possible to use only the first, though never only the second.

1.2.6 Complimentary close

Letter begins	**Letter ends**
Muy Sr. mío:	Le saluda atentamente
Muy señores nuestros:	Atentamente les saluda
Estimados señores:	Les saluda cordialmente
Estimada Sra. de López:	Cordialmente le saluda
Estimado Sr. Martínez:	Atentamente

All these endings are interchangeable, but care should be taken to use *le* when addressing one person, and *les* when addressing several.

1.2.7 Signature

As in English, the sender's name is typed below his signature, but no title is given. When only initials appear, one doesn't know the sex of the sender. However, married women keep their maiden name and add *de* before their

husband's surname, so two surnames separated by *de* usually indicate a married woman.
Below the name is the sender's position in the company:

> Atentamente
>
> J A Martinez
> Jefe de personal

Sometimes *p/o (por orden*=pp) is used to show that a person is legally entitled to sign a letter for someone else, or to write on behalf of the company:

> Le saluda atentemente
> p/o Electrónica Rioja
>
> L M Robles
> Contable

> Cordialmente
>
> p/o C Rodríguez
> Gerente

In general the typed name of the writer appears exactly as he/she signs it. The signature can include:

First and middle names — Luis María Robles
First name and initial of the middle name — Luis M. Robles
Just initials and surnames — L. M. Robles Díaz

In replying to a letter, use the typed signature as a guide to the salutation. For example:

Signature	**Salutation in reply**
Le saluda atentamente Pilar Silva	Estimada Srta. Silva:
Cordialmente G M Perez de Díaz	Estimada Sra. de Díaz:
Atentamente le saluda L M Robles	Estimado Sr. Robles:

1.2.8 Other features

Privado y confidencial (private and confidential) This is typed below the inside name and address (and on the envelope).
Alternatives, with little difference in meaning: *confidencial, privado, estrictamente confidencial.*

cc (carbon copies) Typed at the end of the letter to show who else has been sent a copy of the same letter.

Anexo/s (enclosures) Typed at the bottom of the letter to show that other documents are in the envelope.

A la atención de (for the attention of) Typed after the inside address to draw attention to the person the letter is addressed to. If this is used, there is no need to repeat the name in the inside address.

1.2.9 Layout and punctuation

It is usual for companies to use open punctuation, ie no punctuation except in the body of the letter and after the salutation. This is not true of abbreviations where a full stop is still used. Open punctuation is mostly used with fully blocked style, ie the whole letter aligned to the left.
The indented style which is now less common is usually fully punctuated.

Fully blocked style with open punctuation:

Indented style with full punctuation:

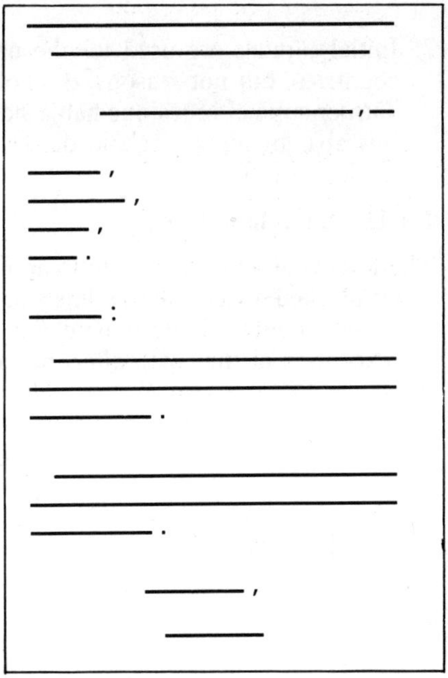

1.2.10 Capital letters

Capital letters are known in Spanish as *mayúsculas*.

1. Initial capitals must be used for ranks, titles and offices when they appear with the person's name: Presidente Reagan, Reverendo Thomas, Dr Williams.
2. Capitals are used for ranks, titles and offices when used without a person's name but refer to a specific person: El Primer Ministro visitará España el mes que viene (The Prime Minister will visit Spain next month).
3. Capitals are not used for ranks, titles and offices when the reference is general: la elección de un nuevo primer ministro se hace cada cinco años (A new prime minister is elected every five years).
4. For senior positions in a company use capitals: Agradecería que el Ingeniero Jefe inspeccionase la maquinaria (I would be grateful if you would ask your Chief Engineer to inspect the machinery).
   It is polite to use capitals when writing to other companies.
5. Capitals are used for initials and certain abbreviations: Vd., Vds., Sra., Sr. J L Puig. (See also Section A 3.1 and the Abbreviations section at the end of the book.)
6. Capitals were once used for all headings and notices; now this is not common practice: La informática y el arte.
   There are no fixed rules for the use of capitals in book titles. It depends on the style adopted by the publishing house: EL ARTE EN LA INDIA.
El arte en la India.
El Arte en la India.
7. Initial capitals are used for the names of people, companies, and cities or countries, but not seasons, days of the week, or months of the year. James Turner supo el lunes que había sido contratado por Artefact Ltd de Escocia; buscaba un nuevo trabajo desde la primavera. Dejará su puesto actual a finales de julio.

1.2.11 Sample letters

The following letter is a reply to an enquiry and shows:
Fully blocked style, ie every line starting on the left with no identation.
Open punctuation, ie no punctuation apart from in the body of the letter, with the exception of the colon after the salutation.

Letterhead — NEW LEARNING
13 Winter Street, London WC2 3ND ENGLAND

Reference — Nuestra Ref. ELB/RLS

Date — 9 de julio de 1990

Name and address —
Sra. S. Hernández
Sistemas Cartel SA
Calle Invernal 13
28006 MADRID
España

Salutation — Estimada Sra. Hernández:

Main body of the letter —
Le agradecemos su carta del 19 de junio en la que manifiesta su interés por nuestros productos.
Incluímos nuestro catálogo y la lista de precios actualizada. Como verá, proporcionamos un programa de formación completo para cada uno de nuestros sistemas.
No dude en ponerse en contacto conmigo en caso de necesitar alguna otra información.

Complimentary close — Atentamente

Signature — Elizabeth Beedon

Elizabeth Beedon (Miss)
Departamento de Ventas y Comercialización

Enclosures — Anexos

The following example is of a modern business letter in fully blocked style:

Letterhead	Biosca y Cía. C/. Arenal, 25 28006 Madrid Teléfono: 91–4238756
Reference	N/REF: ABB/mn S/REF: PAL/sr
Date	Madrid, 9 de febrero de 1989
Name and address	Angel López Iturralde San Bernardo 27, 1 Izq. 28007 Madrid ESPAÑA
Salutation	Estimado Senõr Iturralde:
Main body of the letter	Agradecemos su carta del 12 de enero de 1989 en la que expresaba su interés por nuestros productos. Con respecto a su petición, adjuntamos nuestros últimos catálogos, así como la lista de precios actualizada, que esperamos le interesen. Cualquier otra solicitud sobre este u otro tema, será atendida sin tardanza será atendida sin tardanza.
Complimentary close	Le saluda atentamente,
Signature	JM Biosca J.M. Biosca Director General
Enclosures	Anexos

This letter shows:
Semi indented layout, ie blocked inside name and address, date on the right and each paragraph indented. Notice that all of the letter is fully punctuated.
How the writer has written in the *tu* form to make the letter less formal and to show friendship.

Punctuation used

Enclosures

Nuestra Ref: ajs/dp 10 de enero de 19--

Mrs A Berens,
Creasport Production,
Hameentie, 366,
00560, Helsinki.

Querida Ana:

Ante todo quisiera agradecerte la agradabilísima velada que pasamos ayer en el teatro. 'Golden cockerel' es una ópera verdaderamente espectacular y además una de las más entretenidas que he visto en los últimos tiempos.

Hablemos ahora de negocios. Con la presente te envió información sobre el 'Programa de Información Tecnológica' del que hablamos durante el descanso. Incluyo también nuestro catálogo en el que hay información detallada sobre otros cursos que ofrecemos.

Espero que te interese la información y que volvamos a vernos en breve.

Cordiales saludos a ti y a David de
Michael.

Michael Catton
Jefe de Formación
Anexos

The following letter shows:
Semi-indented layout.
The *tú* form has been used to show friendship.

Letterhead

EDITORIAL NUEVA
Via Layelana 21, Barcelona 21300

N/REF: ME/JS

Barcelona, 10 de mayo de 1984

Punctuation

Srta. Celia Lluch,
Publicaciones Apollo,
C/ Providencia, n 56, 8,
Barcelona 08024.

Querida Celia:

Como te prometí ayer, te envío la información que solicitaste y que hice preparar inmediatemente después de nuestra conversación telefónica.

A nuestro entender, las empresas cuyos catálogos te envío son las mas adecuadas para satisfacer vuestras necesidades y puedo asegurar que son de total confianza y formalidad intachable.

Espero que la información te sea útil y que todo se resuelva sin problemas.

Un fuerte abrazo

Isabel

Isabel Román
Jefe de Publicidad

Enclosures — Anexos

□ 1.3 Addressing the envelope

The name and address are set out in the same way as inside the letter, but abbreviations can be used.

Calle	C.
Avenida	Avda
Plaza	Plz

NB: not all streets are called *calle*, *avenida*, etc. They should not be inserted if they are not in the original address: Florida 834 – 4° B.
In Spanish addresses, the number follows the name of the street.
'Care of' or c/o is *a cargo de* or *a/c* in Spanish.
The names of Spanish provinces are not abbreviated: Barcelona, not B.C.N.

Sr Don Antonio Mújica Fernández
Director de Fábrica
Conservas del Mediterráneo S.A.
C./La Bisbal 29, n^0 3
Palafrugell
Girona Full capitals for the town and region are optional
SPAIN

Since 1987 all provinces, villages, and towns in Spain have a postal code, and in the big cities the place number is followed by the number of the district. The code for a particular address can be found in a handbook available from the Post Office which lists places throughout Spain, and every street in every town, giving their code number.

For obvious reasons there is no sub-section in this half of the Handbook which corresponds to:

2 Cartas comerciales norteamericanas (The American business letter)

3 The style of a Spanish business letter

□ 3.1 Abbreviations

Only use common abbreviations which are known to your reader.
Abbreviations not usually written in full are: Vd., Vds., ptas., Sr., Sra., Srta.
Put a full stop after each letter: U.R.S.S., R.U., except for EE. UU.
am and pm are rarely used and not everyone knows their meaning. For greater clarity it is best to use the 24 hour clock.
NB is not used in Spanish. Use *Nota* or *Atención*
ie and eg are not used in Spanish. Use *por ejemplo*

□ 3.2 Ambiguity

3.2.1 Sentence length

Spanish sentences can be longer than English ones without becoming muddled or unclear, if they are correctly punctuated. Nevertheless it is obviously safer and easier for a foreigner to keep sentences fairly short to avoid getting involved in complicated grammatical structures. For example:
Cuando a comienzos de este mes se informó que el gobierno estudiaba una rigurosa racionalización estatal, y que uno de los medios destinados a lograrla consistiría en la formación de una compañía tenedora que administrase las empresas del Estado, la generalidad del público probablemente no estaba muy al tanto de lo que significaba exactamente esa clase de entidad.

When it was reported earlier this month that the government was studying drastic state rationalization, and that one of the ways this could be achieved would be by forming a holding company to run state enterprises, the public at large was probably not terribly sure just what a holding company actually was. In English the above would be easier to read and understand if the information had been divided into several shorter sentences, but in Spanish it is perfectly clear as it stands.

3.2.2 Punctuation

Correct punctuation is vital to avoid ambiguity, for example:
Necesitamos 500 lápices azules y verdes.
This could mean:
1. 500 blue pencils + 500 green.
2. 500 pencils (blue and green).

3.2.3 Word order

Recibimos el pedido extraviado en marzo.
This could mean:
1. The order lost in March has been received.
2. The lost order was received in March.

3.2.4 Pronouns

Tuvo que dejarle para continuar con su informe.
This could mean:
1. The person who left had to write the report.
2. The person who stayed had to write the report.

3.2.5 Abbreviated messages

Writers may know what is in their minds, but the reader knows only what the words on the paper say:
MERCANCIA ENVIADA 21 FEBRERO ESTROPEADA
GOODS DESPATCHED 21 FEBRUARY DAMAGED
Does this mean they arrived damaged or they were damaged after arrival?

□ 3.3 Commercialese

Do not use old-fashioned words, eg:

Do not use	**Use**
Quedo de Vd afectísimo	Le saluda atentamente
Cordialmente, su seguro servidor	Cordialmente

NB: In Latin America, formulas which are considered old-fashioned in Spain are still used regularly. *Su seguro servidor*, often abbreviated *S.S.S.*, is a common way of ending a letter, and so are the examples in the left-hand column above.

☐ 3.4 Spelling

Spelling mistakes in a business letter tend to make the reader think that the company is less knowledgeable, less honest and inefficient. Unless you have a spelling checker in your word processing program, your knowledge of spelling is the only way to make sure your letter is mailable. There are no double letters in Spanish except *rr* and *ll* which make a different sound, so their presence can be heard. Never write *mm, tt, ff, dd, ss, pp,* etc. The *cc* in *acción* is pronounced like two different letters, one hard and the other soft.
Unlike English, Spanish is spelled as it sounds. However, there may be some difficulty with the following sounds:

b – v	bota/vota
b – p – v	Palencia/Valencia
g – j (before i, e)	tejer/coger pronounced like a hard h

☐ 3.5 Tone

3.5.1 Slang

For formal requests don't use colloquial forms, ie use the imperative, not a question or 'please', eg:

Don't use	**Use**
Por favor envíen . . . (Please send)	Hagan el favor de enviar . . .
¿Pueden enviar . . .? (Could you send?)	Sírvanse enviar . . .

3.5.2 Tact

Use the impersonal or the plural:
Not: Vd se olvidó de enviar . . .
but: *No se han recibido* . . . or *No hemos recibido* . . .

Use the third person:
Not: Siento no poder autorizar este pago . . .
but: *La compañía no puede* . . .

Take responsibility:
Not: Vd no ha pagado.
But: *No hemos recibido su cheque.*

Don't be too brusque:
Not: Vds se han equivocado.
But: *Parece que ha habido una equivocación.*

Don't be abrupt:
Not: No podemos aceptar su pedido
But: *Desgraciadamente no podemos aceptar se pedido pues aún no hemos recibido sus referencias. Tendremos placer en proveerlo en cuanto recibamos los informes necesarios.*

Be positive:
Not: Sentimos tener que informarles que los precios han subido un 15% debido al alza de costes de producción.
But: *Nos place informarles que a pesar del aumento de costes de producción, los precios sólo subirán un 15%.*

□ 3.6 Formality

3.6.1 Formal expressions

The words in the first column are more formal than those in the second one.

Formal	**Informal**
asistir, facilitar	ayudar
comienzo	principio
remuneración	sueldo
a consecuencia de	por culpa de, debido a
hacer un esfuerzo	intentar
tener conocimiento de	enterarse, saber

The words in the left-hand column are common in business correspondence, but there are certain effects in using them in other situations:
1. the message is more formal (can sound officious).
2. the message can sound pompous.

But: in Spanish, vocabulary does not have such strong formal or informal connotations as in English. The main difference between a formal and an informal letter is the use of the *Vd.* or the *tú* form, which affects the verbs. With *tú*, always use the first name of the addressee. With *Vd.*, you can use the name, or the surname with title.
For example, compare:
Por no haber sido pagada la factura arriba mencionada, y en vista de que Vds. no han aprovechado las facilidades de pago ofrecidas en nuestra advertencia de fecha 16 de mayo, nos vemos obligados a poner el asunto en manos de . . .
(In consequence of the non-payment of the above-noted account and your failure to avail yourself of the facilities afforded to you in our Reminder Note sent to you on 16 May, we are putting the matter in the hands of . . .)
and
Todavía no hemos recibido su pago de la factura arriba mencionada. Les enviamos una advertencia el día 16 de mayo detallando las distintas formas de pagar a plazos. Como no hemos recibido respuesta, pasaremos los documentos a . . .
(We still have not received your payment to clear the above account. We sent you a reminder on 16 May giving details of the different ways to spread your payments. As we have not heard from you, we are passing the matter over to . . .)

3.6.2 Style

In formal writing, the pronouns *yo* (I), *Vd.* (you) and *nosotros* (we) are avoided.
Formal: Se debe comprobar si se está asegurado contra robo.
(One should check whether one is insured against theft.)
Informal: Compruebe si Vd. está asegurado contra robo.
(You should check whether you're insured against theft.)
Note: Some companies prefer that, when writing on behalf of their company, their writers use the first person *plural* of the verb (the 'we' form) and not the first person *singular* (the 'I' form) which is then only used when the writer is referring just to himself or herself. For example:
Hemos estudiado el informe en detalle y opinamos que es demasiado pronto para decidir. Quisiera concertar otra reunión para clarificar algunos detalles.
(We have considered the report carefully and we feel that it is too early for us to make a decision. I should like to arrange further discussions to clarify some of the details.)
Also, the use of the first person plural form in certain situations reduces the responsibility of the writer, ie the company rather than writer as an individual is sending the message, eg:
Si no recibimos el pago en un plazo de siete días, pondremos el asunto en manos de nuestros abogados a fin de recuperar la deuda.
(Unless we receive your payment within seven days, we shall instruct our solicitors to start proceeding to recover the debt.)
The use of the impersonal can make the message sound more formal:
Formal: Se tratará este asunto inmediatamente.
(This matter will be dealt with immediately.)
Informal: Alguien tratará este asunto inmediatamente.
(Someone will deal with this matter immediately.)

4 Planning the letter

□ 4.1 Subject heading

This gives the gist of the letter and provides an immediate point of reference for the reader. It allows the writer to introduce the topic and refer to it throughout the letter.
Subject headings may be in capitals, underlined, or in bold. For example:

Estimado Sr. Collins:

CUENTA N^{0} 237999

Adjunto envío el pago de la cuenta aquí mencionada . . .

Estimada Sra. Miller:

H Marshall and Co

Hemos recibido los informes relativos a la empresa mencionada y . . .

Muy Sr. Nuestro:

Online search services

Nos interesa recibir información sobre el servicio arriba mencionado que ofrece su compañía.

If the letter is long, complicated, or has more than one subject of equal importance, the writer is more likely to omit a subject heading.

□ 4.2 First paragraph

Refer to previous correspondence:
Agradecemos su pedido de información del (date)
Respondiendo a su carta del (date), envío adjuntos los detalles de . . .
Les agradecemos su telex del (date) pidiéndonos información sobre . . .
Respondiendo a su recado telefónico de hoy, puedo confirmar que . . .
If there is no previous correspondence *either*

1. Introduce yourself:
   Somos una compañía (type of company) de (location) y nos interesaría comprar (product).
   Pensamos abrir una (describe enterprise) en una posición central en (location).
   Somos los principales proveedores del R.U. de . . . *or*
2. State the purpose of your letter:
   Escribo con referencia a . . .
   Les envío adjunto nuestro pedido de . . .
   Estamos interesados en la compra de . . .

□ 4.3 Middle paragraph

This will give the details of the purpose of writing:
Adjunto les enviamos unos folletos que detallan la gama de nuestros productos, así como la lista de precios vigentes.

La reserva era para una habitación individual con ducha, para las cuatro noches del 19 al 22 de septiembre.

Rogamos nos informen si la empresa ha suspendido pagos en algún momento o si ha estado sujeta a procesos de quiebra.

□ 4.4 Final paragraph

If the letter is a reply, thank them again:

Nuevamente les agradecemos su pedido.
demanda de información.
interés.
cooperación.

If the letter is an apology, repeat the apology:

Volvemos a pedirles discuplas por la demora en enviarles esta información.

Nuevamente les ruego disculpen por tardar tanto en saldar la cuenta.

If you want something done, say so:

Esperamos recibir su cotización.

Sírvase confirmar la reserva por télex.

Encourage a reply:

A la espera de sus prontas noticias . . .

Esperamos que la información adjunta sea suficiente, pero no vacilen en ponerse en contacto con nosotros si hay algo que no esté claro.

Confiando que nuestras condiciones les interesarán y, a la espera de sus gratas órdenes, les saluda atentamente.

Part 2 Expressions used in business correspondence

5 Enquiries

☐ 5.1 First enquiry

5.1.1 Opening sentences

Estamos considerando la posibilidad de comprar . . .
adquirir . . .
instalar . . .
Solicitamos el envío inmediato de . . .
Somos (describe company) y estamos buscando un proveedor de . . .
Les rogamos nos envíen detalles de . . . anunciado/a/s en . . .
Somos (describe company) y estamos interesados en adquirir . . .
comprar . . .
Agradeceríamos nos enviaran su catálogo y lista de precios vigentes.

5.1.2 Mentioning contact

Su nombre nos fue dado por . . .
Vd./Vds./Su compañía nos fue recomendada por . . .
Sus productos nos han sido recomendados por nuestros asociados en . . .
servicios
Su empresa nos ha sido recomendada por . . .
Nos informa (name) . . . que Vds. pueden suministrarnos . . .
Visitamos su stand en la feria . . .
exposición . . .
Vimos su anuncio en . . .
Desearíamos recibir detalles sobre . . . anunciado en . . .

5.1.3 Asking about conditions

Les agradeceríamos nos envíen sus precios de . . .
nos informen si pueden proveer . . .
nos envíen una cotización para . . .
Sírvanse enviar más detalles acerca de . . .
su lista de precios actualizada . . .
su catálogo de exportaciones . . .
una lista de mercancías . . .
cantidades . . .
que puedan ser suministradas de existencias.
entregadas inmediatamente.
expedidas inmediatamente.

Les agradeceríamos nos informaran si hacen descuentos comerciales o por pronto pago.
Les agredeceríamos que nos informaran qué descuentos ofrecen por grandes pedidos.
También agradeceríamos más detalles sobre costes de embalaje y entrega, así como de condiciones de pago y descuentos.
Les agradeceríamos nos remitieran cualquier otra información referente a . . . que Vds posean.
Podemos proporcionarles las referencias comerciales de costumbre.

5.1.4 Closing the letter

A la espera de   su pronta respuesta, les saluda atentamente*
Esperando   sus gratas órdenes, le saluda atentamente†
   sus prontas noticias
(* to a company). († to an individual).

□ 5.2 Replies to enquiries

Le agradecemos su carta del 9 de julio de 19— en la que nos pide información sobre . . .
Les agradecemos su demanda de información con fecha 9 de julio de 19- sobre . . .
Adjuntamos una copia de nuestro último catálogo.
   nuestra lista de precios vigentes.
Adjuntamos muestras de varios modelos, así como la lista de precios.
   varias calidades,
Con referencia a su llamada telefónica de hoy, podemos ofrecerle lo siguiente, a los precios dados . . .

5.2.1 Positive answer

Nos place enviar la cotización siguiente:
Nuestros plazos de pago son netos; pago a los 28 días de la fecha de la factura.
Podemos suministrar el material en existencia y podemos cumplir con la fecha de entrega.
Ofrecemos una amplia variedad de . . . a precios muy interesantes.
Podemos ofrecer facilidades de pago de . . .
Podemos suministrar cualquier cantidad de nuestros productos sin demora.
Para pedidos de . . . o superiores, ofrecemos un descuento especial del . . . %.
Podemos suministrar de nuestras existencias las cantidades mencionadas en su demanda dentro de un plazo de . . . días a partir de la fecha de llegada del pedido.
Nuestras condiciones de pago habituales son:
letra bancaria contra factura pro-forma.
documentos contra letra de crédito irrevocable.

. . .% de descuento por pago a 28 días.
. . .% de descuento sobre el precio neto para pedidos superiores a . . .
Podemos ofrecer precio, bruto, con entrega incluida.
Todos los precios de lista son F.A.B. y estan sujetos a un . . .% de descuento comercial si el pago se efectúa mediante letra de crédito.
Rogamos tengan en cuenta que estos precios estarán vigentes durante . . . días. En caso de no recibir el pedido dentro de ese período, los precios podrán variar.

5.2.2 Persuading

Cuando Vd. haya visto nuestro producto, estamos seguros que lo considerará la mejor oferta del mercado.
Este producto no le defraudará; demostramos nuestra confianza en él con una garantía de tres años.
El descuento será válido únicamente para pedidos recibidos antes del . . . (date).
Nuestros productos son de la más alta calidad, pero en el caso de no quedar plenamente satisfechos, pueden devolverlos sin ninguna obligación.
Esperamos que aprovecharán nuestra excepcional oferta.

5.2.3 Negative answer

Lamentamos no poder suministrar ya el producto requerido. Les sugerimos que se dirijan a . . . (give the name of another company).
Debido a una demanda insuficiente, hemos dejado de fabricar el . . . que a Vds. les interesa; sin embargo podríamos suministrarles un producto similar cuyas características les adjuntamos.
El producto que Vds. piden lo fabricamos nosotros pero nuestros representantes se encargan de su venta. Les rogamos que se dirijan a . . . (give the name and address of agent), que estará a su completa disposición.

5.2.4 Closing the letter

Si necesita más información, haga el favor de comunicárnoslo. Esperando sus prontas noticias, le saluda atentamente . . .
A la espera de sus gratas órdenes, le saluda atentamente . . .
Contando con que nuestra oferta les interesará, esperamos sus gratas órdenes. Atentamente . . .
Asegurándoles que su pedido recibirá atención inmediata, quedamos a la espera de su pronta respuesta. Atentamente . . .
Como nuestros precios son muy competitivos, es probable que suban en los próximos tres meses. Por lo tanto les aconsejamos hacer su pedido lo antes posible.
Les recomendamos que envíen su pedido lo antes posible, ya que las existencias son limitadas.

□ 5.3 Sample correspondence

Often short enquiries are telexed, faxed or made by phone. The following are examples of letters which can be used as models.

Estimados señores:

Recientemente visité su 'stand' en la Feria Interstoffe y obtuve su catálogo y lista de precios. Nos interesaría saber si Vds. harían un descuento del 5% por pago contra entrega.

Nuestro representante, el Sr. Raphael, se pondrá en contacto con Vds. antes de fin de mes para discutir las condiciones.

Atentamente

Estimado Sr. Tanner:

Nuestro mutuo amigo Alan Walters me ha informado que Vd está interesado en este mercado para la venta de sus máquinas.

Le agradecería que me envíe sus folletos y lista de precios. Sírvase calcular los precios en documentos a 30 días, C.S.F. (costo, seguro, flete), e incluir mi comisión del 7%.

Atentamente

Letter giving a quotation in reply to an enquiry:

Muy Sr. nuestro:

Le agradecemos su interés por nuestros productos y nos place enviarle la siguiente cotización:

	Nº de referencia	Precio en £ esterlinas
Iluminación Concord Wenda	984	98,26
Poste de aluminio 3500mm	879	300,25
Poste de aluminio 4000mm	239	312,28
Caja de cable (Grupo A)	237	38,40
Caja de cable (Grupo B)	238	37,98

Adjuntamos folletos informativos. Cobramos los precios vigentes el día de embarque.

A la espera de sus gratas órdenes, le saluda atentamente.

Negative reply to an enquiry:

> Estimado Sr. Simmons:
>
> Hemos recibido su carta del 16 de abril respecto a New Sound and Vision, y sentimos habernos demorado en contestarle.
>
> Es verdad que nosotros somos los distribuidores oficiales de los láseres a gas de MCA. Tenemos existencias de láseres aquí en Bookham para entrega inmediata a nuestros clientes. Desgraciadamente el 50mW HeNe está agotado y por lo tanto no podemos suministrarlo.
>
> Hemos enviado su carta a nuestros colegas en MCA, quienes se pondrán en contacto con Vds. directamente, pero creemos que tampoco lo tendrán en sus existencias.
>
> Atentamente
>
> Peter Clarke
> Director de ventas internacionales
>
> cc Mr T Stone
> MCA

6 Orders

Orders are usually made on the company's official order form, telexed or telephoned. There should be a covering letter to confirm the terms.

□ 6.1 Covering letter

6.1.1 Opening sentences

Agradecemos su lista de precios del (date). Los precios y condiciones de venta son aceptables y adjuntamos nuestro pedido número . . .

Para confirmar nuestro pedido, adjuntamos la orden de compra por (amount) de (description), para envío inmediato.

6.1.2 Giving delivery details

Hagan el favor de enviar la mercancía / Hagan el envío / Envíen la mercancía — por Vía Aerea. / por tren. / por barco / por carretera.

Sigan nuestras instrucciones de embalaje al pie de la letra.

La mercancía debe ir empaquetada / estar envuelta / ser embalada / estar designada — según nuestras instrucciones.

Es imprescindible que recibamos el pedido antes de noviembre para poder remitir la mercancía a los minoristas para Navidad.

6.1.3 Confirming terms of payment

Siendo nuestro primer pedido, pagaremos al contado contra documentos, como habíamos acordado.
Aprovecharemos la ventajosa oferta de descuento que ofrecen por pronto pago.
Para cobrar la factura total más las tasas adicionales, avísenos con . . . días de antelación.
Confirmamos que el pago se efectuará por carta de crédito irrevocable.
Tan pronto se reciba el pedido, le enviaremos una letra de cambio.
Los pagos se harán trimestralmente, tal como se ha acordado.
Deseamos agradecerles el descuento comercial del . . .% y el descuento del . . .% para pedidos que superan las . . . pesetas.

6.1.4 Closing the letter

A la espera de su envío.
aviso de envío.
acuse de recibo de . . .
confirmación de . . .
Esperando continuar nuestras relaciones comerciales en el futuro, . . .
Esperando que ésta sea la primera de muchas transacciones entre nosotros, . . .
. . . . les saluda atentamente,

□ 6.2 Confirming an order

6.2.1 Acknowledging

Agradecemos su pedido Nº . . . y adjuntamos nuestra confirmación oficial.
Les agradecemos su carta del (date) con el pedido adjunto.

6.2.2 Informing the customer what is being done

Somos concientes de sus instrucciones y esperamos que la mercancía esté preparada para enviarla el (date).
La entrega se hará el . . .
el próximo . . . (date).
antes del . . .
lo más pronto posible.
dentro de un plazo de 3 semanas.
Su pedido está preparado y nos estamos ocupando de su envío inmediato.
La mercancía ha salido hoy por avión.
saldrá mañana por tren.
por barco.
Estamos preparando su pedido y lo podremos enviar la semana entrante.
Lamentamos informarles que por falta de repuestos su pedido podría tardar hasta tres meses.

De acuerdo con sus instrucciones hemos tramitado el seguro y les enviaremos la póliza con la carta de porte aéreo.

6.2.3 Telling the customer the goods have been sent

The supplier may send a letter or an Advice Note, which is a special form telling the customer the goods have been despatched.

Su pedido Nº . . . fue embarcado en el (name of vessel), que sale de (place) el (date) y llega a (place) el (date). Adjuntamos la nota de consigna Nº . . . y las copias de la factura.

Rogamos nos comuniquen inmediatemente si hubiera algún problema.

6.2.4 Telling the supplier that goods have not arrived

Nuestro pedido del (date) no ha llegado todavía.

En confirmación de nuestro telex les comunicamos que todavía no hemos recibido el pedido Nº . . . que fue expedido el (date).

Nuestro pedido Nº . . . que debía haber llegado el (date) se retrasa.

6.2.5 Keeping the customer informed of delays

Lamentamos informarles que hay una demora de dos semanas para entregas. Esta demora imprevista se debe a una huelga de funcionarios de aduanas.

Lamentamos que su pedido no haya llegado todavía. Hemos investigado la causa y se debe a . . .

6.2.6 Cancelling an order

El (date) hice un pedido de (description of goods) para entregar a fin de mes. Dado que nuestras existencias actuales son suficientes para el mes próximo, quisiera aplazar el pedido hasta nuevo aviso. En vista de la antiguedad de nuestras relaciones, espero que Vds. estén de acuerdo.

Con referencia a nuestro pedido Nº . . . del (date) recordarán que la fecha de entrega del (date) era de suma importancia. Como no lo hemos recibido todavía, después de haberles escrito dos veces sobre el tema, no nos queda otra alternativa que cancelar el pedido. Lo lamentamos, pero como teníamos que embarcar la mercadería mañana, ya no tendremos forma de remitirla a nuestros clientes.

Si nuestro pedido Nº . . . aún no está preparado, les rogamos aplazar su envío hasta nuevo aviso.

Rogamos que no envíen el pedido Nº . . . ya que nos hemos equivocado.

Como no estamos plenamente satisfechos con su última entrega de (goods), hagan el favor de anular nuestro segundo pedido Nº . . .

□ 6.3 Sample correspondence

Acknowledgement of an order:

Estimado Sr. Fernandez:

Pedido Nº SZ 4321

Le agradecemos el pedido arriba mencionado, el cual estamos preparando. Tenemos existencias de todos los artículos y estarán listos para remitirlos la semana entrante.
Le avisaremos tan pronto podamos confirmar su embarque.
Atentamente,

Covering letter when sending an order:

Estimado Sr. Gutiérrez:

International Handbook

Me place enviarle el tomo arriba mencionado. Siento haber tardado en responder a su pedido, pero como ya le expliqué en mi carta anterior, el libro estaba agotado.
Vuelvo a disculparme por la demora. Si le hace falta más información, llámeme a este número, o déjeme un recado en nuestra Telecom Gold Mailbox 45 PT 1000.

Le saluda atentamente,

. . .

7 Transport

☐ 7.1 Delivery terms

Because of the different interpretations of price and transport costs, the international trading community have developed a system of terms called Incoterms. A full list is available from the International Chamber of Commerce (see Section C 5.2 for the address). The most common are:

Franco en fábrica (F.E.F.): Ex works The price quoted is for the goods at the factory gate, specifying whether the cost of packing is included. The buyer must pay for the delivery of the goods.

Franco a contenedor (F.A.C.): Free carrier. The price quoted covers all costs to a named point of loading on to a container.

Franco a bordo (F.A.B.): Free on board. This price is all costs including packing of the goods loaded on to ship.

Flete y porte pagado a . . . (F.y.P.P.): Freight carriage paid to. This is the price of the cost of the goods, packing and transport by container, excluding insurance.

Coste, seguro y flete (C.S.F.): Cost, insurance and freight. This price is all the costs of the goods loaded on to a ship plus freight and insurance to an agreed point of delivery in the buyer's country.

Coste y flete (C.F.): Cost and freight. As for cost, insurance and freight, but the insurance is paid by the buyer.

Flete, porte y seguro pagados a (F.P.S.P.): Freight, carriage and insurance paid to . . . This is the cost of the goods, packing and insurance and cost of transport by container to a named destination.

Franco a domicilio (F.A.D.): Delivery duty paid. This is the price for all costs including duty paid up to the buyer's address.

☐ 7.2 Transport documents

The main methods of transport used in exporting are: containers, road haulage, conventional cargo shipping, rail and air. With the growth of trade with Europe, road haulage is becoming the main method of transporting goods.
Most sea freight is now containerised. When exporting to buyers within the European Economic Community, a special control system governs the documentation. The Community Transit System (CT) reduces border formalities by using one transit procedure for the whole of the EEC.

Factura comercial (commercial invoice) is a claim for payment. It should show a description of the goods with prices, weight, terms of payment as well as packing details. The *factura comercial* can be used as a check list to identify a consignment and used for any assessment for customs duty.

Conocimiento de embarque (Bill of lading) is still the most common transport document for exporting outside the EEC.

Talón de expedición (railway consignment notes) are used for international transport by rail.

Carta de porte aéreo (air waybill). Air transport is widely used for valuable or urgent goods. The document of transport is an air waybill/air consignment note. Exporters using freight forwarders and carriers require an *instrucción de embarque para exportación* (export shipping instruction) to confirm telephone bookings made with them.

□ 7.3 Enquiries

7.3.1 Requesting a quotation

Haga el favor de enviarme sus tarifas de flete para transporte aéreo.
marítimo.
ferroviario.
por carrretera.

Tenemos un pedido para el envío de (describe goods) de (place) a (destination) y desearíamos saber sus tarifas más ventajosas.

Hagan el favor de enviarnos su cotización para recoger esta partida de la dirección arriba indicada y entregarla en (destination).

Queremos enviar (describe goods giving size and weight) por vía aérea. Haga el favor de mandarnos sus tarifas de envío y seguro.

Tenemos una consigna de (describe goods), con un peso de (give weight) y las medidas siguientes (give measurements), para enviar de (place) a (destination). ¿Podrían informarnos de los barcos que salen antes de fin de mes e indicarnos sus tarifas de flete?

7.3.2 Replying to enquiries

Las tarifas de flete son muy altas en este momento, debido a los pocos barcos disponibles. El flete neto costaría . . .

Podemos incluir su consigna de (description of goods) en nuestro próximo vuelo a (destination) que saldrá el día (date). Nuestras tarifas de flete para mercancías embaladas en cajones son de . . .

Podemos enviar su consigna en el SS (name of ship) cuyo último día de embarque de carga será el (date). Los precios son los siguientes:

7.3.3 Describing packing

Todos los contenedores tienen forros impermeables y están claramente marcados con el signo internacional de: frágil
este lado arriba

Cada artículo está envuelto en material suave y metido en una caja, antes de ser embalado en cajas de cartón.

Con los (goods) se harán bultos, se cubrirán con arpillera y se sellarán con fleje metálico.

□ 7.4 Instructions for transportation

7.4.1 Instructing container/shipping company

Les agradeceríamos que recojan una consigna de (describe goods) y se ocupen de los trámites necesarios para su envío a (name and address of buyer).

La presente es para confirmar nuestra conversación telefónica de esta mañana. Vds harán los trámites para cargar la siguiente mercancía en contenedores el (date) para transportarla a (address). Adjuntamos el formulario de envío rellenado, el conocimiento de embarque con copias de las facturas comerciales, el certificado de origen y la licencia de importación.

Hagan el favor de entregar la mercancía en los almacenes de nuestro agente de transportes.

7.4.2 Instructing an agent

Sirvase contratar un seguro a todo riesgo para la mercancía y cargarlo a nuestra cuenta.

Haga el favor de hacer los trámites para recogerlas (goods) y entregarlas a (address).

Haga el favor de avisarnos en cuanto llegue la mercancía y guardarla en su almacén hasta nuevo aviso.

7.4.3 Requesting instructions

Sírvanse mandar las instrucciones de envío para esta consigna.

La consigna de (goods) ha llegado. Envíennos instrucciones por telex.

Tenemos en nuestro almacén la consigna de (goods), que llegó el día (date). Está a su disposición y esperamos recibir sus instrucciones.

□ 7.5 Chartering a ship

In Spain you charter a ship normally through an *armador* (shipowner) or more often through a *consignatario* (shipbroker). There is no special centre for it in Spain. In any port (such as Barcelona, Bilbao, Gijón), there will be several *consignatarios*. In Madrid, although not a port, you can charter ships as well; it tends to be dominated by shipowners rather than shipbrokers.

Useful terms:

A voyage charter	– un flete de viaje redondo
A time charter	– un fletamento por tiempo
name of ship	– nombre del barco
date	– fecha
amount	– tarifa

7.5.1 Requesting a charter

Deseamos fletar un barco para transportar un cargamento de (goods) de (place) a (place).

Haga el favor de contratar un barco adecuado para transportar (describe goods, weight and size) desde (place).

Esta carta confirma nuestro cable de hoy en el cual les pedimos que nos fleten un barco por un período inicial de tres meses, para transportar cargamentos de (describe goods) de (place) a (place).

Deseamos fletar un barco para un viaje de (place) a (place), a fin de transportar (describe goods, size and weight). Sírvase avisarnos si puede conseguir un barco e indíquenos las condiciones.

7.5.2 Replying to an enquiry about chartering a vessel

Como confirmación de nuestra conversación telefónica de hoy, tenemos una opción para el (name of vessel), cuya capacidad de carga es de (number) toneladas, muy superior a sus necesidades. Sin embargo, los armadores están dispuestos a aceptar un flete parcial.

El armador del (name of ship) ha ofrecido un presupuesto de flete de (amount) por tonelada, que es una tarifa muy competitiva.

Adjuntamos una lista de varios barcos disponibles. Si Vds. nos indican cuál de ellos consideran adecuado, procederemos a su inspección.

Nos place informarles que hemos podido contratar el (name of ship) para Vds. Sírvanse confirmar la transacción por telex.

Con referencia a su solicitud del (date), lamentamos no poder conseguir un barco del tonelaje que Vds. requieren para el (date). Sin embargo tenemos una opción para el (name of ship) para el (date). La condiciones son (amount) por tonelada. Rogamos envíen la confirmación por telex lo antes posible, ya que hay muchos interesados en barcos de este tonelaje.

□ 7.6 Insurance

To insure against loss or damage, the company would ask for quotes from different companies or obtain them through a broker. The company then completes a *Formulario de propuesta* (proposal form). In return for the payment of a *Prima* (premium) the insurer agrees to pay the insured sum should any loss or damage occur. The premium is quoted as follows: If goods are insured at .25%, you have to pay 25ptas. for every 10,000ptas. the goods are worth. A cover note is an agreement that the goods are insured until the policy is prepared. Once the policy is ready, the client is idemnified, ie the client will be restored to his original position should there be any loss or damage.

7.6.1 Requesting a quotation

Deseamos asegurar a todo riesgo, el siguiente cargamento, por la suma de . . .

Hagan el favor de enviarnos un presupuesto de cobertura flotante por la suma de (amount), para cubrir nuestros envíos regulares de (goods) de (place goods are going from) a (place goods are going to), a todo riesgo.

Hagan el favor de enviarnos sus tarifas para pólizas flotantes a todo riesgo, por la suma de (amount), para cubrir cargamentos de (goods) de (place) a (place).

Necesitamos cobertura desde el (date).

Apreciaríamos una tarifa competitiva.

7.6.2 Giving a quotation

Podemos asegurar la consigna por la suma de (amount).

Hemos recibido presupuestos de varias compañías y podemos obtener el seguro necesario al . . .%

Podemos ofrecerles la tarifa de . . .%, para una cobertura total de (amount).

Sugerimos una póliza valorada a todo riesgo, que podemos proporcionarles al . . .%.

7.6.3 Instructing an insurance company/broker

Sírvase, contratar un seguro según las condiciones ofrecidas.

Nos han ordenado aceptar su propuesta del . . .%, para cubrir (describe goods). Haga el favor de contratar la cobertura indicada y mándenos la póliza lo antes posible.

Las condiciones que Vds. ofrecen, con un descuento del 5% para envíos regulares, son aceptables. Nuestro primer envío saldrá el día (date) y esperamos recibir la póliza en breve.

Necesitamos cobertura inmediata de (amount). Envíenos la póliza cuando esté preparada; mientras tanto sírvase confirmar que la mercancía está asegurada.

Sírvase contratar un seguro por el valor de la factura más el . . .%.

7.6.4 Making an insurance claim

Nuestra consigna de ropa, cubierta por la póliza Nº. . . . fue robada en tránsito. Sírvanse enviarnos el formulario de reclamación que debemos rellenar.

Una de nuestras consignas de (goods) llegó dañada por agua de mar. Calculamos que el valor del daño es de (amount) y adjuntamos copias del informe de la inspección hecha al recibirla.

□ 7.7 Reporting problems

7.7.1 Reporting non-arrival of goods

Todavía no hemos recibido el pedido de (goods) que fue enviado el (date) Sírvanse averiguar qué ha sucedido.

Los clients (name of company) todavía no han recibido su pedido NºB/L 389589 de (goods) y desean saber la causa de la demora.

El (date) recibimos el envío de (goods) pero faltaban tres cajones. Hagan el favor de averiguar el paradero de la mercancía extraviada.

7.7.2 Reporting loss or damage

Ayer recibimos el pedido Nº . . . Aunque los cajones llegaron enteros, al abrirlos encontramos algunos objetos rotos. Les adjuntamos una lista.

Agradeceríamos que nos repongan los siguientes artículos lo antes posible.

Hemos informado al transportista de los daños y guardamos la caja y su contenido para inspección.

Lamentamos informarles que el pedido de (goods) llegó ayer en malas condiciones. Adjuntamos una lista de los artículos dañados. Como Vds. reclamarán indemnización del transportista, no tenemos inconveniente en enviarles toda la información que necesiten.

El pedido de ropa (order Nº) llegó ayer y es evidente que los cajones fueron forzados y que han robado artículos de ellos. Como la venta era C.S.F., sugerimos que informen al transportista para obtener indemnización. Calculamos que el valor de las pérdidas es de (amount).

□ 7.8 Sample correspondence

Telex informing a customer that their order is ready and asking the name of the customer's freight company so they can arrange delivery:

> Atención Pele
>
> 1 Su pedido está listo. Necesitamos las señas de la compañía de transportes dónde mandarlo.
>
> 2 Lo que falta fue enviado por correo.
>
> Cordialmente, Adam Pearson

Letter sent from the supplier informing the buyer that an order has been shipped:

> Muy señores nuestros:
>
> Notificación de envío
>
> Nos complace informarles que el siguiente pedido ha sido despachado y adjuntamos copias de los documentos de envío para su información.

Su pedido Nº	PM/1345D
Talón de venta Nº	860123
Su letra de crédito Nº	IMP1/1657/A
Artículos	tablas de surfing y accesorios
Monto de la factura	US$ 2.460
Barco	ANNA MAERSK 7694
Fecha de embarque	18 de octubre de 19--

> Esperando que la mercancía les llegue en perfectas condiciones y que estén completamente satisfechos con ella, les saluda atentamente . . .

A message faxed to inform a customer that there has been a change in the date of shipment of their order:

> Estimados Sres:
>
> Envío de fecha 17/7 en el Bravo 3481
>
> Lamentamos informarles que ha habido un cambio en el envío del pedido arriba mencionado. La compañía marítima cambió la fecha, por lo que llegará en el ARILD MAERSK 3879 el día 19 de julio. Esperando que esto no les cree dificultades, atentamente . . .

8 Accounts and payment

□ 8.1 Methods of payment

8.1.1 Banks in Spain

There are several important banking entities in Spain.

Banco de España: The central bank of Spain. There is another bank called Banco Central which is not the main bank but is merely a commercial bank.

Bancos mercantiles: In general they are the equivalent of the British merchant banks. However, the difference between the merchant and commercial banks has diminished in recent years.

Bancos comerciales: Spanish commercial banks are the same as British commercial banks. The following banks are known as 'The Big Six': Banesto, Central, Hispano-Americano, Bilbao, Vizcaya, Santander.

Cajas de ahorro: Are non-profitmaking co-operatives operating normally on a regional basis. They now play an important role in the economic life of the country and tend to compete with the commercial banks in their spheres of activity.

Foreign banks: Since the relaxation of banking laws in 1978, many foreign banks have opened offices in Spain. Barclays Bank is the most commonly found British bank in Spain with branches in many provinces.

8.1.2 Methods of payment within Spain

Transferencia bancaria (Bank Giro Credit Transfer) is making payments through a bank without having to send cheques by post; credit is transferred from the drawer's bank to the payee's bank.

Cheque bancario (Banker's draft) is drawn up by a bank in favour of a named payee in settlement of an account owing, normally payable on demand. It is used for paying large sums of money when paying by ordinary cheque is not acceptable.

Cheque/Talón (cheque) issued by a bank or post office (Girobank) – Cheques can be *open*, to pay cash, or *closed* to be paid into a customer's account. *Closed* or *crossed* means that two parallel lines are drawn across the cheque vertically to make it payable only into a bank account.

Tarjeta de crédito (credit card) issued by banks, Visa, Master Charge, American Express, Diners Club etc, used for purchasing goods or services on credit.

Contra reembolso (cash on delivery) is a service of the Post Office. (See Section C 3).

Giro Postal (postal order) This system is used for sending money through the Post Office and is issued with a receipt. It is an inexpensive way of sending money and is popular with people who have no bank account.

Giro telegráfico: (Giro by telegraph) Method of telegraphic payment run by the Post Office. The person to whom the money is sent can receive it on the same day since the Post Office telegraphs the payment through. It is more expensive than *Giro postal*.

Orden de pago: (Standing/Banker's Order) issued by a bank for a customer who has an account and authorises the bank to pay a person or business a certain sum of money from the account periodically.

8.1.3 Methods of payment abroad

Transferencia bancaria (Bank transfer) is a payment transferred from a home bank to an overseas one. The transfer can be sent by air mail – as Mail Transfers, by telex – as Telegraphic Transfers or by SWIFT – (Society for Worldwide Interbank Financial Telecommunication). Each standardised SWIFT message contains instructions or advice about a transfer but there is no actual debiting or crediting involved. Not all banks have yet joined the Society.

Letra de cambio (Bill of Exchange) or sight draft is commonly used for exports. The bill states that the buyer will pay the seller an amount within a fixed time. The bill can then be sent by post or through a bank. A *clean* bill of exchange is when the buyer accepts a bill and returns it to the seller. The seller can then send the bill to his bank who sends the bill to a correspondent bank in the importer's country. This bank then presents the bill for payment on the due date. Normally the buyer has to accept the bill by signing it before the goods are sent.

Documentos bajo conformidad Documents against acceptance or documentary collection is when the correspondent bank will release the documents of the title only against payment or acceptance of the bill of exchange.

This method is also widely used within Spain when buying items such as furniture by instalments.

Tarjetas de crédito (credit cards): see above.

Crédito documentario (documentary credits) are issued by the buyer's bank giving information about the goods, the amount, the type of credit (revocable/irrevocable), how long the credit is available and any documents involved, eg insurance, shipping etc. The letter of credit guarantees that the issuing bank will pay up to a specified amount by a certain time to the seller against presentation of an accepted bill supported by specified shipping documents.

Eurocheques (Eurocheques) can be written in the currency of the country you want to send it to. A Eurocheque card can be used to withdraw local currency in the country you are visiting. A list of locations is available from your own bank in the UK. Eurocheques can be cashed in most banks in Spain and are accepted by shops, hotels, garages etc. Look for the red and blue EC symbol which shows that an establishment participates in the Eurocheque scheme.
However, Eurocheques are not issued by banks in Spain and therefore cannot be used as a form of payment by Spanish customers.

Cheque bancario internacional (International banker's draft) is when the buyer has an agreement or an account with the supplier's bank. The customer buys a cheque from the bank and sends it to the supplier.

Giro internacional (International Giro) can be used whether or not the buyer or supplier has an account. The supplier receives a cheque by post in the currency of the country concerned.

□ 8.2 Payment

8.2.1 Instructing the bank

Sírvanse transferir el equivalente de (amount) libras esterlinas al (name of bank) a favor de (name of company or person) con cargo a nuestra cuenta.

Sírvanse enviar el giro y los documentos de (name of company) al (name of bank) e instrúyanles entregar los documentos bajo conformidad.

Adjuntamos los siguientes documentos: conocimiento de embarque, factura, póliza de seguros y certificado de origen. Entréguenlos a (name of company) contra el pago de (amount).

En breve Vds. recibirán una letra de cambio por valor de (amount) y los documentos apropiados, de (name of company). Sírvanse aceptar la letra, cargándola a nuestra cuenta, y enviarnos los documentos.

Sírvanse abrir un crédito documentario irrevocable por valor de (amount) a favor de (name of company). Adjuntamos la solicitud rellenada.

Sírvanse abrir un crédito irrevocable por valor de (amount) a favor de (name of company) con vencimiento el (date) que se abonará contra documentos de despacho de (describe goods).

8.2.2 Informing the buyer

Según lo acordado, hemos enviado nuestra factura Nº . . . por valor de (amount) y los documentos, al (name of bank). Los documentos le serán entregados contra aceptación. Adjuntamos documentos y facturas por duplicado para el cobro.

La letra es a treinta días vista y los documentos se le entregarán contra aceptación.

Hemos preparado una letra a la vista que será enviada a (name of bank) y presentada a Vds. con los documentos para el cobro.

Les agradecemos el envío de los documentos correspondientes a nuestro pedido Nº . . . Estamos conformes con su letra a la vista y en breve recibirán un aviso del banco.

Hemos dado instrucciones a nuestro banco de preparar una carta de crédito por valor de (amount) que se pagará contra la factura pro forma Nº. . . . que Vds. presenten. Esta les será abonada tan pronto como el (name of bank) reciba los documentos.

Nos es grato comunicarles que su pedido Nº . . . ha sido enviado en el (name of ship) que llegará a (place) el (date). Los documentos de envío, es decir el conocimiento de embarque, la póliza de seguro, el certificado de origen y la factura consular, han sido enviados al (name of bank), que los remitirá a su banco, encargándose éste de avisarles.

La letra de cambio Nº . . . nos fue devuelta hoy por nuestro banco con la indicación 'sin fondos'. Dado que su vencimiento fue hace cinco días, suponemos que no se ha pagado. La volveremos a presentar el (date), momento en que esperamos que se haya hecho el ingreso.

El cheque que nos enviaron por valor de (amount) nos ha sido devuelto por el banco con la anotación 'palabras y cifras distintas'. Adjunto el cheque en cuestión y esperamos recibir otro correcto.

8.2.3 Informing the supplier

From the buyer:

Hemos dado instrucciones a nuestro banco (name of bank) de abrir un crédito irrevocable por la suma de (amount) a su favor, para cubrir los gastos de transporte, envío y gastos bancarios, con vencimiento el (date).

Hemos dado instrucciones al (name of bank) que abra un crédito irrevocable a su favor con vencimiento el (date). El banco aceptará su letra a (number) días por el monto de su factura.

From the bank:

Adjuntamos una copia de las instrucciones recibidas ayer del (name of bank) para abrir un crédito irrevocable su favor por valor de (amount) con vencimiento el (date). Cuando nos hayan proporcionado los documentos de envío, podrán cobrar a sesenta días.

Hemos recibido órdenes del (name of bank) de abrir un crédito irrevocable a su favor, con vencimiento el (date). Preséntennos una letra a (number) días por el valor de la factura, cuando hayan efectuado el envío. Les rogamos presenten los documentos apropriados para poder aceptar su letra, que debe incluir todos los costes.

8.2.4 Requesting payment

Adjuntamos nuestra factura por . . .
su estado de cuenta
nuestro estado de cuenta mensual
la factura pro-forma Nº . . .

Les agradeceríamos el pago de la factura adjunta.

Los documentos se entregarán contra aceptación de nuestra letra.

Como hemos convenido, adjuntamos una letra a la vista por (amount) a la documentación y la enviamos a nuestro banco.

8.2.5 Making payments

Adjuntamos nuestro giro bancario por (amount) en pago de la factura pro-forma Nº. . . .

Para cancelar nuestra deuda, adjuntamos un giro bancario de . . .

En pago de su factura Nº . . . adjuntamos un giro bancario que al cambio actual equivale a . . .

Adjuntamos su letra de cambio por . . .

Hemos acordado el pago de (amount) con el banco (name of bank), para la cancelación de su factura Nº . . .

Pagaremos a la vista, la cantidad de la factura.

Adjuntamos su letra de cambio aceptada por la cantidad de . . .

8.2.6 Requesting credit facilities

En virtud de nuestras duraderas relaciones comerciales, les agradeceríamos que nos concedan facilidades de pago mensuales.

Como tenemos la intención de hacerles pedidos importantes, nos interesaría que nos informasen de las facilidades de crédito que Vds. ofrecen.

Habiendo siempre atendido sus pagos con puntualidad, les agradeceríamos que en adelante nos permitieran saldar las deudas trimestralmente, contra extracto de cuenta.

Habiendo mantenido relaciones comerciales durante bastante tiempo, les agradeceríamos nos concedan facilidades de pago. Por supuesto podemos darles referencias.

8.2.7 Taking up references

If you are buying from a company for the first time, it is usual to give the names of companies you have already bought from. These are called trade references (referencias comerciales) and are used to find out whether you pay promptly.

The customer may also give his bank's name to use as a reference. This is a request for a favour:

1. Request general information about the future customer's standing:
   (Name of Company) nos ha pedido facilidades de pago y nos ha dado su nombre como referencia. Les agradeceríamos que nos proporcionaran informes sobre ellos.
2. Request their opinion on the firm's ability to pay within a stated limit.
   Aunque estamos convencidos de su seriedad comercial, les agradeceríamos nos confirmasen que su límite de crédito les permitirá hacer pagos trimestrales de hasta (amount).
3. Say that the information will be treated as confidential
   Toda información que nos faciliten será
   guardada con la reserva del caso
   considerada estrictamente confidencial
4. Enclose a self-addressed envelope as they are doing you a favour
   Adjuntamos un sobre con señas y agradecemos de antemano su pronta respuesta.

8.2.8 Replying positively about a firm's credit rating

Nos hemos puesto en contacto con (name of firm) y están de acuerdo en que demos referencias sobre ellos.

Tenemos el gusto de informarles que . . .

. . . la empresa nos es bien conocida
ha sido nuestro cliente durante (time)
ha estado establecida aquí durante (time)
ha estado operando con nosotros durante (time)

. . . siempre ha cumplido puntualmente con sus obligaciones económicas.

No dudaríamos en concederles el crédito que Vds. mencionan.

8.2.9 Replying negatively about a firm's credit rating

When a report is negative, you must take care not to mention the company's name in case of libel action.

Hacemos referencia a su carta del (date). Les aconsejamos una cierta prudencia en sus relaciones comerciales con la empresa nombrada.

La empresa a la que Vds. se refieren en su carta del (date) no siempre ha sido puntual en el cumplimiento de sus pagos. Las cantidades en cuestión tampoco eran tan elevadas como las que Vds. mencionan.

Always remind the enquirer that the information is confidential and that you take no responsibility for it.

Esta información es estrictamente confidencial pero sin responsabilidad alguna por nuestra parte.

8.2.10 Refusing credit facilities

Agradecemos su pedido del (date). Como su saldo anterior, asciende a la suma de (amount), apreciaríamos que reduzcan este saldo antes de ofrecerles crédito adicional para otro pedido.

A pesar de nuestros antiguos lazos comerciales con Vds., no podemos otogar crédito a ninguno de nuestros clientes ya que nuestro margen de beneficios es muy pequeño. Confiamos que comprenderán nuestro situación y que podremos seguir suministrándoles (goods).

8.2.11 Acknowledging payment

Nuestro banco nos ha informado que su letra de crédito ha sido abonada en nuestra cuenta.

Agradecemos su pago de la factura Nº . . . y su puntualidad.

8.2.12 Querying invoices

Al comprobar su factura Nº . . ., observamos una diferencia entre nuestras cifras y las suyas.

Vds. han omitido en su factura Nº . . ., y su descuento acordado.

Vds. nos cargan el importe del embalaje el cual estaba incluido en el precio de venta.

Los gastos de entrega son elevados.

8.2.13 Making adjustments

Gracias por indicarnos el error en nuestra factura del (date).

Le adjuntamos nuestra factura rectificada.

Ciertamente el descuento para grandes pedidos es de . . .% pero dado que su pedido no alcanza . . . unidades, lamentamos no poder concederles dicho descuento.

Suponemos que ha habido un malentendido ya que en el presupuesto especificábamos que el coste del embalaje no estaba incluído. Este coste aparece por separado en la factura.

8.2.14 Reminding

First reminder

Les recordamos que nuestra factura Nº . . ., está pendiente. Agradeceríamos la cancelaran lo antes posible. Si ya han remitido dicha cantidad, no tengan en cuenta la presente reclamación.

Adjuntamos copia de nuestra factura que les fue remitida el (date). Puesto que no hemos recibido confirmación de pago de nuestro banco, agradeceríamos la cancelación de la deuda.

Nos referimos al saldo a nuestro favor de (amount). Puesto que éste todavía no ha sido saldado, agradeceríamos lo hicieran lo antes posible.

Second reminder

Adjuntamos su estado de cuenta con un saldo pendiente a nuestro favor. Suponemos que ha sido un descuido involuntario, pero tratándose de una segunda reclamación, debemos insistir que efectúen el pago en los próximos siete días.

Les recordamos que nuestra factura Nº . . . del (date) está pendiente y rogamos su inmediata liquidación.

Lamentamos no haber recibido contestación alguna a nuestra carta del (date) recordándoles que la letra que salda nuestra factura Nº . . . no ha sido aceptada todavía. Rogamos su inmediata liquidación.

Con fecha (date) les enviamos una reclamación del pago de nuestra factura Nº . . . Con el fin de evitar que este asunto pase a nuestro departamento jurídico, les concedemos diez días para efectuar el pago.

Final reminder

Creíamos que su saldo a nuestro favor del mes de enero, ahora estaría pagado. En febrero y marzo les hemos remitido avisos y copias de su estado de cuenta rogando la liquidación del saldo. Si en el plazo de siete días no recibimos la cantidad debida, entregaremos la documentación a nuestro departamento jurídico.

Con fecha . . . y . . . les hemos escrito recordándoles nuestra factura pendiente Nº . . . Transcurridos tres meses sin haber recibido contestación alguna deberemos proceder por vía judicial a menos que sea saldada en el plazo de siete días.

8.2.15 Requesting time

Lamentamos no haber podido pagar la cantidad pendiente. Desgraciadamente la mercancía no se ha vendido todavía debido a nuevas normas gubernamentales que nos obligan a modificar la instalación de montaje. Rogamos nos concedan . . . días para saldar la deuda.

Lamentamos no haber contestado su carta del . . . reclamando la liquidación de la factura. Debido a dificultades financieras transitorias, agradeceríamos nos concedan . . . días.

Lamento no poder atender la totalidad de su factura. Agradecería aceptara parte del pago inmediatamente y el resto a plazos durante . . . meses.

8.2.16 Replying to a request for time

Lamentamos sus dificultades financieras. Ante tales circunstancias podemos concederle . . . semanas para el pago.

Comprendemos su situación, pero nuestras circunstancias no nos permiten demorar el cobro. Hemos entregado la documentación a nuestro departamento jurídico para su cobro, pero si Vds. tienen alguna solución, rogamos comuniquen con nosotros inmediatamente.

□ 8.3 Sample correspondence

A faxed message asking the buyer to open a Letter of Credit for their order, and informing them when the goods will be shipped:

Muy Sres nuestros:

Pedido S/C 484960

Sírvanse abrir una carta de crédito para este pedido lo antes posible, para evitar demoras, e infórmennos del N° de la carta.

La mercancía será embarcada en el Luna Maersk el 12 de julio.

Confirmen por fax su último pedido N°S/C 484987 para poder ponerlo en marcha.

Atentamente

Telex informing the supplier that a Letter of Credit has been arranged:

Atención Ramón:

Carta de crédito por US$ 7.234,60 enviada de Lloyds Bank, Londres, a Lloyds Bank, Tapei, como antes. El N° de la carta es IMP2/4655/A

Cordialmente, Impulse Leisure Ltd

Letter telling a customer that his credit account has been closed:

Estimado Sr. Perez:

Nuestra contaduría nos informa que han tenido dificultades en obtener pagos puntuales de Vds. Parece que tardan más de 3 meses después de la fecha de la factura en cancelar sus deudas. Ya que nuestras condiciones de venta indican claramente que los pagos se harán a treinta días, lamentamos que en adelante sólo podremos entregarles pedidos a pago contra documentos.

Atentamente

9 Complaints and apologies

□ 9.1 Making a complaint

Complaints should be a statement of fact. Do not use emotive or abusive language. (See also, Section A 3.5 on the correct tone of a business letter)

Strongly emotive words	**Better to use**
Estamos asqueados	*sorprendidos*
enfurecidos	*molestos*
escandalizados	*descontentos*
atónitos	
enfadados	
Es intolerable	*lamentable*
escandaloso	
vergonzoso	

9.1.1 Say what you are referring to

Les escribo con referencia a . . .
Con referencia a . . .
Ayer recibimos el pedido Nº . . .

9.1.2 Stating the problem

Nos sorprendió comprobar que no han entregado el pedido completo.
Hemos comprobado que faltan los artículos Nº . . .
El servicio era inferior.
Todavía no hemos recibido la mercancía.

9.1.3 Suggesting a solution

Según los términos de la garantía, les rogamos nos envíen un repuesto.
Si descuentan . . . pesetas de nuestro próximo pedido, daremos por terminado el asunto.
Les devolveremos el envío tan pronto como recibamos noticias suyas.
Nos vemos obligados a pedirles que repongan la mercancía estropeada.
Rogamos nos reembolsen el valor de la mercancía devuelta.
Estamos dispuestos a aceptar la mercancía a un precio mucho más bajo.

9.1.4 Giving an explanation

La mercancía se retrasó por haberla enviado a nuestra antigua dirección.
La factura que nos enviaron estaba a nombre del Sr. T Martín, mientras que nuestra cuenta está a nombre de T R Martín.
El envío no estaba marcado de acuerdo con nuestras instrucciones.
La impresora estaba mal embalada, por lo tanto el cilindro de alimentación automática parece estar trabado.

□ 9.2 Replying to a complaint

9.2.1 Acknowledging the complaint

Hemos recibido su carta del . . . informándonos sobre . . .
Agradecemos su carta del . . . en la que nos informa de . . .
en la que nos explica que . . .
Sentimos enterarnos de . . .
Lamenté mucho enterarme por medio de su carta del . . . de los problemas que le ha causado el . . . que le vendimos recientemente.

9.2.2 Saying what action has been/is being taken

Hemos iniciado investigaciones para descubrir la causa del problema.
Nos hemos puesto en contacto con el expedidor y les informaremos del resultado.
Habiendo investigado la causa del problema, descubrimos que la confusión se debía a un error de contabilidad.
Desgraciadamente nuestros expedidores no estaban al corriente de los especiales requisitos de embalaje para este envio. Ahora hemos tomado las precauciones necesarias para evitar tales errores en adelante.
Hemos pedido un informe detallado del incidente al encargado del vuelo.
Nuestro técnico se pondrá en contacto con Vds lo antes posible para controlar los . . . Cuando haya visto la mercancía y comprobado que es defectuosa, no tendrá inconveniente en reemplazarla.

9.2.3 Offering a solution

Hemos corregido el error en nuestro ordenador y el problema no se repetirá.
Adjuntamos una nota de crédito para cubrir el valor de la mercancía.
Todo daño ocurrido en tránsito es responsabilidad del transportista al que hemos notificado del asunto.
Hagan el favor de guardar el cajón y los artículos estropeados para que los vea nuestro representante.

9.2.4 Apologizing

Esperamos que el retraso no les haya causado inconvenientes. Confiamos que no volverá a ocurrir un malentendido de esta índole.
Hace 15 años que suministramos porcelana de alta calidad y confiamos poder ofrecer un servicio excelente. Esperamos que este incidente no les impedirá comprar nuestros productos en el futuro.
Les rogamos que disculpen los problemas causados por este error. Podemos asegurarles que este tipo de error es excepcional y que difícilmente se repetirá.

□ 9.3 Sample correspondence

A complaint:

Estimado Sr. Clifford:

Pedido Nº2235

Acabamos de recibir un envio de 400 carteras 'Dune', aunque habíamos pedido 'Oasis'.
Por lo visto ha habido un malentendido.
Les devolveremos este envio para que Vds. lo cambien. Sírvanse reembolsarnos los costes de transporte.

Atentamente

The reply:

Estimado Sr. Sykes:

Pedido Nº2235

Lamentamos enterarnos por medio de su carta del 14 de marzo que han recibido mercancía equivocada.
Les agradeceríamos guardar las carteras 'Dune' hasta que nuestro representante, el Sr. Ross, las haga retirar.
Si decidieran quedarse con ellas, les podemos ofrecer pago a 45 días en lugar de los 10 días de costumbre.
Las carteras 'Oasis' salieron hoy por vía aérea con Danzas.
Sentimos este retraso de entrega y los inconvenientes que les hemos causado.

Atentamente

10 Miscellaneous

□ 10.1 Hospitality

10.1.1 Offering help and hospitality to a visitor

Nos encantó enterarnos de su visita el mes próximo. Lamentamos que su esposa no pueda acompañarle, esperemos que pueda venir en otra ocasión.

Siendo ésta su primera visita, esperamos que tenga tiempo para hacer algunas excursiones que tendríamos gran placer en organizarle.

Cuando sus fechas estén confirmadas, haga el favor de avisarnos para poder reservarle hotel. Yo le buscaré en el aeropuerto y le llevaré al hotel.

Estaremos encantados de verle aquí.

10.1.2 Thanking for hospitality

Les estoy muy agradecido por su ayuda y hospitalidad durante mi reciente visita.

Mi viaje fue muy provechoso y les estoy enormemente agradecido por las visitas que me organizaron, así como por la información y los contactos que me facilitaron.

Espero poder corresponder a su amabilidad en un futuro próximo.

10.1.3 Introducing a business associate

El portador de esta carta es (name), (job title), que está visitando (place) para establecer contactos en el campo de (kind of business).

Recordarán que les escribimos anunciándoles la visita de (name). Nos harían un gran favor si le presentaran a algunos colegas del ramo.

Estaremos encantados de corresponder a su cooperación en todo momento.

10.1.4 Formal invitation

Written in the third person without salutation, complementary close, etc:

El Presidente y Consejo de Dirección de (name of company), tienen el placer de invitar a (name of guest) a una cena que se celebrará en (place) el (date) a las (time).

Traje de etiqueta

S.R.C. a . . . (address)

10.1.5 Reply to formal invitation

(Name/s) agradece/n al Presidente y la Dirección su amable invitación a la cena del (date) y tiene/n mucho gusto en aceptar / pero lamentablemente no podrá/n asistir debido a un compromiso anterior.

10.1.6 Informal invitation

Mi esposa y yo tenemos invitados a cenar el (day) y nos encantaría que Vd. viniera. Esperando que esté libre, le saluda cordialmente . . .

10.1.7 Informal invitation added to a letter

Después de la reunión mi marido y yo estaríamos encantados si pudiera acompañarnos a ver/oír (name of concert, opera, play, etc.). Tengo entradas para la función de las (time), así que tendremos tiempo de tomar algo antes de que empiece.

10.1.8 Reply to informal invitation

Muchas gracias por su amable invitación, estaré encantado de reunirme con Vds. el (date).

Le agradezco su amable invitación. Me hubiera gustado muchísimo poder aceptar, pero dado que tengo que volver a (place) el (day), tendré que marcharme inmediatamente después de la reunión. Quizás podremos organizar un encuentro en mi próximo viaje.

□ 10.2 Appointments

10.2.1 Making and confirming an appointment

Tengo que estar en (place) el mes próximo y desearía concertar una reunión para discutir (topic). Quizá convendría que les llame por teléfono cuando llegue, para fijar una cita.

Con la presente, le confirmo nuestra conversación telefónica de esta mañana. Nos encontraremos en su oficina el (date) a las (time). Me alegrará volver a verle y espero que podamos ultimar los detalles del contrato.

10.2.2 Cancelling an appointment

Como ya le expliqué por teléfono esta mañana, siento mucho que me sea imposible asistir a la cita concertada para el (date). Lamentablemente tengo que ir a solucionar un problema a nuestra oficina de Nueva York. Le ruego disculpe la molestia que ésto pueda causar. Tan pronto como vuelva a Londres me pondré en contacto con Vd.

□ 10.3 Bookings

10.3.1 Making/confirming a booking

Hotel:

La presente es para confirmar nuestra llamada telefónica de esta mañana referente a la reserva de una habitación individual para dos noches, del 14 al 16 de mayo, a nombre de (name). Adjunto un eurocheque, por (amount) de depósito.

Su hotel me ha sido recomendado por (name), cliente habitual de Vds. Desearía reservar una habitación doble con baño, del 15 al 17 de septiembre inclusives.

Estamos organizando nuestro curso anual de repaso y queremos saber si tendrían disponibles 12 habitaciones individuales del (date), así como una sala de conferencias. Les agradecería que nos comunicasen lo mas pronto posible si pueden servirnos y nos enviasen sus tarifas.

Mi esposa y yo tenemos la intención de pasar tres días en (place) a partir del (date). Por favor, comuníquenme si disponen de una habitación doble con baño y envíenme sus tarifas.

Travel:

Necesito un billete de avión a (place) de (airport) el (date), con vuelta el (date). Si no hay plazas para esa fecha, sírvase avisarme de la primera fecha posible.

Quisiera reservar una plaza en el vuelo a (place) de (airport) el (date), con vuelta el (date).

Como confirmación a la conversación telefónica de esta mañana, por favor reserven un billete de ida y vuelta en el Ferry Santander–Plymouth a nombre de (name) para el (date). (Name) viajará en su coche, un (make of car). Confirmará la fecha de regreso en España.

Reserven, por favor, un camarote de clase turista, a nombre de (name) a (place) que sale el (date). En caso de no haber plazas, les ruego me indiquen qué otras posibilidades pueden ofrecerme.

Pienso hacer un viaje de negocios al norte de España en el mes de marzo y desearía alquilar un coche sin conductor durante dos semanas aproximadamente. Sírvanse enviarme sus tarifas y comunicarme si tienen un pequeño coche desde el (date) hasta el (date).

□ 10.4 Letters of sympathy

10.4.1 To an associate who is ill

Todos nosotros lamentamos sinceramente la noticia de su grave enfermedad.

Me enteré esta mañana al llamar por teléfono a su oficina.

Me han comunicado que ya está mejor y que espera volver a trabajar el mes que viene.

En la oficina todos estamos muy contentos de que ya se esté recuperando y le enviamos nuestros mejores votos por una pronta mejoría.

10.4.2 On the death of a business associate

Nuestro más sentido pésame por el trágico fallecimiento de (name). La noticia nos ha afectado mucho ya que recientemente la habíamos visto y gozaba de excelente salud.

Estoy seguro que todo el personal sentirá su ausencia y yo personalmente echaré de menos su integridad y buen humor demostrados en nuestros tratos comerciales.

Le ruego haga llegar nuestro más sentido pésame a su esposo y familia.

10.4.3 Acknowledgement of condolences

Desearía agradecerle su amable carta de pésame por la muerte de (name).

Las amables cartas que hemos recibido han sido un gran consuelo para nosotros.

Todos los que conocían a (name) tienen palabras de elogio para ella y esta prueba de afecto y consideración nos ha ayudado mucho en estos momentos difíciles.

10.5 Congratulations

10.5.1 On a promotion

Le escribo para hacerle llegar mis más sinceras felicitaciones por su reciente ascenso a (post). Nos alegramos enormemente que todo su esfuerzo e iniciativa hayan sido reconocidos y podemos decir con absoluta certeza que nadie merece más que Vd. ocupar ese puesto.

Le deseamos el mayor éxito

10.5.2 On the birth of a baby

Al llamar por teléfono esta mañana a su oficina, me han comunicado que Vd. es padre de un niño/una niña. Les enviamos, tanto a Vd. como a su esposa, nuestra enhorabuena; y esperamos acepten este pequeño obsequio como señal de nuestra estima.

□ 10.6 Application for a job

Deseo solicitar el puesto de (job title) anunciado en el (name of newspaper/journal) del (date).

Desde mi entrada en el campo de (area of work) he admirado sus productos y estaría encantado de poder trabajar en su empresa.

Adjunto mi curriculum vitæ. Estoy disponible para una entrevista en cualquier momento.

□ 10.7 Sample correspondence

Letter confirming an appointment:

NB:
el (date)
a las (time)
en (specific place)

Estimada Roberta:

Según decidimos ayer por teléfono, le escribo para confirmar nuestra cita el jueves 30 de enero, a las 15 horas, en su despacho.

Esperando verla entonces, atentamente le saluda,

Daphne White

Telex thanking for hospitality (see Section B 2.2, 2.3, 2.5 about telexes):

> Atención: Personal de Funmaker
>
> Felizmente llegué esta mañana después de mi estancia en Hongkong.
> No olvidaré su amable hospitalidad. Muy agradecido, les saluda
> SVE CONSTABLE

Telex arranging a meeting:

> Atención Perry
>
> Agradezco su telex. Encantado con la posibilidad de vernos en Munich. Lleve el paquete consigo en lugar de enviarlo Skypack a NY y lo recogeré. Estaré en Alemania desde el 29 de agosto, indíqueme sus señas para encontrarnos.
> Si tiene Vd. stand en ISPO, indíqueme sala y Nº y le buscaré allí.
>
> Cordialmente
>
> Adrian

Skypack – an airline
ISPO – a trade fair

Telex advertising a seminar:

> Con este telex le invitamos a asistir a un seminario que se celebrará el 14 de abril en los Connaught Rooms, Londres. El tema que se tratará será (subject) y los conferenciantes serán:
> (names) (titles)
>
> La orden del día será:
> 12,30/13,00 Almuerzo
> 14,00 Debate formal
> 16,00 Conclusiones
> 17,30 Fin de la reunión
> Se invita a todos los delegados a enviar sus preguntas sobre el tema del día. El sub-comité decidirá cuáles de ellas presentará el presidente a los conferenciantes.
>
> El costo del seminario será de £25 por persona.
>
> Comunicar con (name, address, and phone number of originator)

SECTION B: BUSINESS COMMUNICATION

1 The telephone

☐ 1.1 How to say numbers and figures

1.1.1 Telephone numbers

Spanish telephone numbers are said one by one from the left:
458974 – cuatro cinco, ocho nueve, siete cuatro
It is also possible to say 45–89–74 – cuarenta y cinco, ochenta y nueve, setenta y cuatro
If a telephone number has three, five or seven figures, pause after the first figure:
3–73–97–92 – *tres*, setenta y tres, noventa y siete, noventa y dos
Code numbers for Spanish areas or cities are found in the front page of the telephone directory in telephone booths and are used as they are used internationally.

1.1.2 Other numbers

Check that you know how to say other numbers and measures.

¼ un cuarto	25% veinticinco por ciento	0,25	cero coma veinticinco
⅓ un tercio	33⅓% treinta y tres y un tercio por ciento	0,33	cero coma treinta y tres
½ un medio/medio	50% cincuenta por ciento	0,5	cero coma cinco
⅔ dos tercios	66% sesenta y seis por ciento	0,66	cero coma sesenta y seis
¾ tres cuartos	75% setenta y cinco por ciento	0,75	cero coma setenta y cinco

Decimals: In Spain decimals are written with a comma not a full stop. The comma is referred to as *coma* and numbers after the comma are read in a block.
Fractions: Spanish has special names for common fractions:
½ medio
⅓ un tercio
¾ tres cuartos
⅒ un décimo (2/10 dos décimos)

Written	Spoken
100	cien/un centenar
101	ciento uno
165	ciento sesenta y cinco
1.000	mil/un millar
1.005	mil cinco
1.050	mil cincuenta
1.305	mil trescientos cinco
10.000	diez mil
10.001	diezmil uno
10.050	diez mil cincuenta
10.302	diez mil trescientos dos
10.312	diez mil trescientos doce
100.000	cien mil
1.000.000	un millón
1.000.000.000	mil millones/un billón

NB: The hundreds become feminine when the figure refers to feminine items, ie mil trescientas pesetas, but mil trescientos dólares (except for one hundred which is always ciento).

1.1.3 Time

The 12 hour system is not used in written Spanish, though in conversation people might say: for 9am – las nueve de la mañana; for 5pm – las cinco de la tarde.
As the abbreviations 'am' and 'pm' are not familiar to all Spaniards, the 24–clock should always be used when writing

Written	Spoken
09,00	las nueve en punto
09,05	las nueve y cinco
09,10	las nueve y diez
09,15	las nueve y cuarto
09,20	las nueve y veinte
09,25	las nueve y veinticinco
09,30	las nueve y media
09,35	las diez menos veinticinco
09,40	las diez menos veinte
09,45	las diez menos cuarto
09,50	las diez menos diez
09,55	las diez menos cinco

NB To say all times except '1 o'clock', the plural article (and verb when needed) must be used, eg:

son las cuatro y media		it is 4,30

A las ocho menos cuarto	at 7.45
Son las quince y treinta	it is 3.30pm
A *las* vintiuna horas	at 9pm

But

Es la una y media	it is 1.30
A *la* una menos cuarto	at 12.45

Mediodía (midday) and *medianoche* (midnight) are used to specify the exact times and are not normally used with minutes past, minutes to, etc.
La tarde (the afternoon/evening) begins at 1pm for the purpose of telling the time *la una de la tarde* but for everything else starts after lunch, which in Spain can be as late as 3pm or even later. It ends at supper time, which again can be quite late at night, no earlier than 9/10pm.

1.1.4 Dates

Say the day first then the month. Do not use capital letters for months.
Use *el* before the number, *de* before the month, *de* before the year.
Only the first of the month is an ordinal number, all the other dates are called by cardinal numbers.
23.9.89. El veintitrés de septiembre de mil novecientos ochenta y nueve.
1.9.89. El primero de septiembre de mil novecientos ochenta y nueve.
2.9.89. El dos de septiembre de mil novecientos ochenta y nueve.

1.1.5 Letters

If it is necessary to spell names, a standard code for letters can be used. This code is useful for differentiating between often confused letters such as M/N, T/D, B/V, L/LL, and for spelling unfamiliar or foreign words.
The following is the Spanish telephonist's alphabet:

Letter	**Code**	**Called**	**Pronounced**
A	Antonio	a	h*a*t
B	Barcelona	be	*be*t
C	Carmen	ce	*say*
Ch	Charro	che	chay
D	Domingo	de	*de*bt
E	España/Enrique	e	test
F	Francia	efe	*effe*minate
G	Gerona	ge	*hay*
H	Historia	hache	h*ache*t
I	Italia/i Latina	i	f*ee*
J	José/Jaen	jota	*hota*
K	Kilo	ka	c*a*rpet
L	Lérida	ele	*ele*phant
LL	Llave	elle	*ellyay*
M	Madrid	eme	*ema*nate *eme*ry
N	Navarra	ene	*ene*ma
Ñ	Ñando	eñe	*enyay*

O	Oviedo	o	*h*o*t*
P	Portugal/París	pe	*pe*t
Q	Queso	cu	*coo*
R	Ramón/Roma	erre	*aera*te
S	Sevilla	ese	*essay*
T	Tarrangona/Toledo	te	*te*lephone
U	Ursula/Ubeda	u	p*oo*l
V	Valencia	uve	*ve*il
W	Washington	doble uve	*doblay oovay*
X	Xilofón	equis	*eckiss*
Y	Yegua	i griega	*ee griega*
Z	Zaragoza	zeta	*thetta*

□ 1.2 Misunderstandings in spoken Spanish

As this book is not intended for learning Spanish, it can be assumed that those using it will have mastered the basic grammar: that they know the difference between *ser* and *estar*, and that adjectives have to agree with the noun they qualify.

The speed at which Spanish is spoken may make it difficult to understand at first, as will the elisions, but this is soon overcome.

Certain letters like B/V, and B/P can sometimes be confused as they are pronounced very softly and sound almost the same.

But though the user of this book may know enough Spanish to be aware of the above points, it could be useful to point out a few quite frequently used constructions whose **negative** meaning is not apparent, which could lead to total misunderstandings:

En absoluto – Not at all
En parte alguna – No place (En alguna parte – Some place)
En lugar alguno – Nowhere (En algún lugar – Somewhere)
De manera alguna – No way (De alguna manera – Somehow)
En lo mas mínimo – Not in the least
En mi vida he visto tal cosa – I've never seen such a thing
En la vida lo harán – They'll never do it.

Being understood when speaking Spanish is not a great problem. The Spaniards are good at making allowances for a foreigner's mispronunciations, and usually manage to understand him even when his difficulty in pronouncing the double R turns *perro* (dog) into *pero* (but), or *carro* (cart) into *caro* (expensive).

□ 1.3 What to say on the phone

1.3.1 Asking to speak to a particular person

You hear . . .	**You say . . .**
(Company name), buenos días/tardes	Buenos días/tardes. Quisiera hablar con el Sr. . . . la Sra. . . . la Srta. . . . por favor.
(Company name), dígame.	¿Podría hablar con alguien en la sección de . . ., por favor? Extensión Nº . . ., por favor. Buenos días/tardes. Quisiera hablar con alguien que se ocupe de . . .
	If you have the wrong number Lo siento, se ha equivocado.
Operator putting you through Le estoy comunicando. Un momento, por favor. Espere un momento, por favor. Está comunicando. Enseguida le comunico.	 Gracias. Sí, gracias.
The person is not available La línea esta ocupada, ¿quiere esperar?	Sí, espero.
¿Puede esperar? Está ocupado. No encuentro a . . . ahora. Si espera un momento, intentaré de nuevo.	No importa, llamaré más tarde. ¿Puedo dejarle un recado? Soy (name) de (company) en (place) Dígale que . . . Pues hablo desde Italia. Pídale a . . . que me llame cuando pueda. Ella tiene mi número.

Leaving a message

Lo siento, el Sr. . . . no está en este momento. ¿Quiere dejarle un recado, o le digo que le llame?

Lo siento, el Sr. . . . no está
está de vacaciones
no está en su despacho

¿Quiere hablar con otra persona?

Está bien, llamaré más tarde.
Dígale que me llame antes de las tres.
Habla (name) de (company)

¿Me comunica con alguien que se ocupe de . . .?
¿Puedo hablar con la secretaria del Sr. . . .?
¿Hay alguien que pueda . . .?
Dígale que ha llamado (name) y que volveré a llamar.

1.3.2 Calling Directory Enquiries

Dial 003 (See also Section C 4.2)

Operator:	**Caller**:
Información. ¿Que nombre desea?	Barrera
Parrera	No, Barrera, B de Barcelona.
Barrera, ¿qué iniciales?	No sé. Es una empresa. La dirección es . . .
Es el tres nueve siete siete cero cuatro	397704
	Gracias. ¿Y me da el prefijo de la ciudad, por favor?
Es el cero nueve cero tres.	Muchas gracias.

1.3.3 Making a call

You want to introduce yourself:
Soy (name) de (company).
Hablo en nombre de (company).

You want to explain the purpose of your call:
Llamo para hablar de . . .
Se trata de . . .
Llamo en relación a . . .
Para ahorrar tiempo decidí llamarles para hablar de . . .
(Name) de (Company) me dio su nombre porque dice que me podrían ayudar con . . .

You can't hear:
¿Cómo dice?
Lo siento, no oí bien la última parte.
La comunicación es muy mala. ¿Puede repetir lo que dijo?
No entendí lo que me dijo.
No le oí lo último que dijo. ¿Me hace el favor de repetirlo?

You can't understand:
Perdone, no entiendo lo que quiere decir.

Lo siento, pero no le entiendo.
¿Puede explicarlo otra vez? No lo he entendido bien.

You want to show you've understood:
Sí.
Ya entiendo.
Muy bien.
Vale.

You want to make sure you are still connected:
¡Hola! ¿Seguimos comunicados?
¿Todavía me oye?

You want to say that you'll pass on a message:
Me ocuparé de que el Sr . . . reciba su mensaje.
Transmitiré su recado al Sr . . .

You don't want to commit yourself:
¿Podría volver a llamarle?
Preferiría discutirlo con el Sr . . . antes de decidir.
La verdad es que nos hace falta más información.

You want to get some information:
¿Hablo con la persona que me puede informar sobre comercialización?
¿Me puede comunicar con alguien de la sección de comercialización?
¿Podría indicarme quién se ocupa de la comercialización?
¿Y con quién estoy hablando? (said after someone has given you the information you want)
¿Me podría ayudar? Necesito una lista de representantes del campo de . . .
Necesito uno de sus catálogos.
¿Sería posible obtener su muestrario?

1.3.4 Appointments

A:
¿Podríamos concertar una cita?

B:
¡Cómo no! Tengo que ir a Londres dentro de poco, en todo caso.

A:
Creo conveniente reunirnos para discutir el tema.

B:
De acuerdo. Pero, ¿cuándo?

A:
¿Podría la semana que viene?
¿Qué le parece el jueves?
¿Le vendría bien el jueves?
¿Le va bien el jueves?
¿Estaría disponible el próximo jueves?
¿Y el viernes?

B:
El jueves no puedo, lo siento.
No me va bien.
No, lo siento. El jueves no es posible.
Sin embargo, tengo el viernes libre.

A:
El viernes me va bien.
¿A las 10,30?

B:
No puedo por la mañana.
¿Puede ser por la tarde?
¿A eso de las 2, por ejemplo?

Quedemos para el viernes. ¿A qué hora le conviene?

Estoy ocupado por la mañana, pero después de comer estoy libre.

A:
Quedamos el viernes a las 2 en su despacho.
Hasta el viernes.

B:
Hasta el viernes, pues.

El viernes, a las 2, bien.

To cancel an appointment:
Siento no poder acudir a nuestra cita.
Han surgido complicaciones.
Lo siento, pero tendremos que aplazar nuestra reunión. No puedo ir a Londres hasta el mes que viene.
Podría avisar al Sr. . . . que el Sr. . . . lamenta tener que cancelar su cita el día (date). El se pondrá en contacto en cuanto le sea posible.
El Sr. . . . me ha pedido que le avisara de que podrá asistir a la reunión del (date). Lamentablemente tiene que asistir a una reunión urgente en los EE. UU. Le llamará el (date), cuando regrese.

□ 1.4 Spoken Spanish in other situations

1.4.1 At reception

Sr. Smith. El Sr. Jones le espera.
Buenos días/tardes Sr./Sra. ¿Puedo ayudarle?

¿Puede decirme su nombre, Sr./Sra?

¿A quién desea ver?
¿Tiene una cita?

Lo siento, no he entendido su nombre.
¿Puede repetir su nombre, Sr./Sra.?

Siéntese por favor. El Sr. Jones no tardará.
Siéntese un momento, por favor. El Sr. Jones vendrá enseguida.

¿Puedo ofrecerle té o café? ¿Cómo le gusta?
NB: *¿Le gustaría tomar algo?* (This doesn't necessarily mean an alcoholic drink.)

1.4.2 Small talk

¿Que tal su viaje?
vuelo?
¿Tuvo un buen viaje?
una buena travesía?

¿Dónde se aloja?
¿Que tal es su hotel?
¿Está bien su hotel?
¿Ya tiene reserva de hotel?
¿Quiere que le reserve hotel?

¿Ha estado en . . . alguna vez?
¿Le gusta . . . ?
Hay un restaurante chino estupendo cerca de su hotel.
Ha llegado en el momento oportuno. El Festival de Música es esta semana.
Espero que tenga tiempo de hacer algunas excursiones.
Tendrá que encontrar tiempo para ir al La Corrida. La comida es estupenda.

Introducing someone:
Sr. Jones, quiero presentarle al Sr. Smith.
Le presento al Sr. Smith.
¿Conoce Vd. al Sr. Smith?
Reply:
Encantado.
Encantado de conocerle.
Mucho gusto.

Introducing yourself:
Mucho gusto Srta. Me llamo John Smith.
¿Me permite presentarme? Soy John Smith.
Reply:
Encantada, yo soy Mary Jones.
Yo soy Mary Jones. Encantada de conocerle.
NB: See Section C 2.6 for information about forms of address (handshaking, etc).

Invitations:
¿Le gustaría acompañarme a comer?
¿Vamos a cenar juntos?

Accepting:
Me gustaría mucho.
Muy amable, gracias.
Espléndido.
Gracias, me encantaría.

Declining:
Me encantaría, pero no puedo

Me gustaría, pero lamentablemente hoy no puedo.
Lo siento mucho, no puedo. ¿Otro dia, quizás?

Suggestions:
¿Vamos a comer?
¿Nos vamos a almorzar?
¿Comemos algo?

Thanks:
Gracias por su ayuda.
Le agradezco todas sus atenciones.
Ha sido (realmente) delicioso.
encantador.
maravilloso.

Reply:
No hay de qué.
De nada.
Ha sido un placer.
Me alegro que le gustase.
Me alegro que le haya gustado.

Not understanding:
¿Puede explicarlo otra vez, por favor?
¿Qué significa . . . exactamente?
No entiendo la parte referente a . . .
No estoy seguro de haberle entendido.
Lo siento, no le entiendo.

Finishing a conversation:
Bueno, tengo que irme.
Lo siento, debo irme.
tengo que irme ya.
tengo que marcharme.
Bien, debo irme.
Si me disculpa, me marcho.
Mas vale que me vaya.

2 Telex

□ 2.1 Advantages of telex

With many companies, the telex has taken over from the letter as the main means of written correspondence and it is also preferred to the telephone in many cases.

Advantages over a letter:

It is cheaper than using a secretary's time to produce a perfect letter.

It is 'immediate' and provides a 24-hour service as the machine can receive messages even when unattended.

Any inaccuracies can be checked immediately with the sender.

Advantages over the telephone:

Messages can be transmitted at any time irrespective of working hours or time zones.

Transmission times are shorter and cheaper than the equivalent telephone call.

Information can be 'misheard' on the phone.

In some situations the sender may want to avoid personal contact, for example when there is bad news.

Time is not wasted while the caller is put through to the right person.

A telex is a legal document.

One advantage over both the above is that the automatic acknowledgement ('answer back') from the other end is a guarantee of receipt.

□ 2.2 Telexese – or how to write telexes

Telexes can be written in full with no omissions or abbreviations, and it is quite common within Spain. In international correspondence more commonly they follow the pattern used in sending cables.

1. Shorten the message by leaving out the unimportant words. There are words which are unnecessary to the meaning. The following are the 10 most common words in Spanish: *el, los, la, las, uno, una, unos, unas, y, esto*. These words (called function words) carry little meaning and the 100 most common words in Spanish are function words, ie prepositions, pronouns, articles, conjunctions, auxilliaries, etc.

   In the following message the function words are underlined:
   <u>NUESTRO</u> PEDIDO Nº P/S879/T LLEGO <u>EL</u> LUNES <u>PERO</u> LAMENTO <u>TENER QUE</u> INFORMARLE <u>QUE</u> TRES <u>DE LAS</u> CAJAS <u>ESTABAN</u> ESTROPEADAS

   The message can be understood by leaving out the function words:
   PEDIDO Nº P/S879/T LLEGO LUNES LAMENTO INFORMARLE TRES CAJAS ESTROPEADAS

2. Do not leave out any function words which are important to the message:
   FAVOR ENVIEN URGENTEMENTE LOS TRES CATALOGOS
   In this message LOS is essential to the meaning.

3. Write out figures in full instead of using symbols. This is particularly important with figures that are written differently in the UK, eg the decimal point is written as a full stop in the UK: 0.75. (see Section B 1.1.2 on how to say numbers and figures). Often important figures are repeated in words.

□ 2.3 Abbreviations used in telexes

In international correspondence most Spanish companies use the internationally recognized telex abbreviations (see Part I B 2.3).
In Spain, it is quite common to write words in full in a telex. However, a list of commonly used Spanish commercial abbreviations is given below for reference.

Admon.	administración	administration
Bco	banco	bank
C/	cuenta	account
Cía	compañía	company
Cte.	corriente	current
Ch/	cheque	cheque/check
Dto.	descuento	discount
etc.	etc.	etc
L/	letra de cambio	Bill of Exchange
n/cta.	nuestra cuenta	our account
m/cta.	mi cuenta	my account
n/fra.	nuestra factura	our invoice
m/fra.	mi factura	my invoice
ppago	pronto pago	prompt payment
sdo	saldo	balance
T/	talón de cuenta corriente	current account cheque
V°B°	visto bueno	OK
c/c	cuenta corriente	current account
'n' for nuestro (our) 'm' for mi (my)	Can be used with the others ie n/l (our Bill of exchange), m/Dto. (my discount).	

□ 2.4 Telex services

2.4.1 Post and telecommunications in Spain

Correos y Telecomunicaciones (Spanish post and telecommunications company)is run by the Department of Post and Telegraphs. Messages can be dictated over the phone or sent directly from the main post offices. There are also multi-address telex message services for distribution lists, and a service for those who do not have their own telex machines.

Most *Cámaras de Comercio* (Chambers of Commerce) in Spain provide a fax service. Members without a fax machine of their own can send and receive fax by this service. When you send a fax to a *Cámara de Comercio* for one of their members, the Chamber of Commerce will advise them of the arrival of the fax.

Inmarsat This is radio telex permitting communication between telex subscribers and stations on board ship.

□ 2.5 Examples of telexes

Confirming a hotel reservation:

CONFIRME RESERVA HABITACION INDIVIDUAL NOCHE ONCE AGOSTO PARA NIELD

EL SR NIELD ABONARA AL MARCHARSE

Agent arranging a meeting between customer and supplier:

ATN BOX 123 SR. MANCINI
CLIENTE QUIERE VERLE 22 OCTUBRE SI ESTA EN R.U. Y PUEDE TRAER CONSIGO EL CAUDALIMETRO CVP/ STOP CONTESTE URGENTE A TLX 2977661 BTIEQ TLF 071–123–2345.

SALUDOS GERALD

Giving a quotation:

ATN: SR. JONES
RE: PRECIOS DE ARTICULOS 123 Y 456 – ZAPATOS LONA

ART. 123
TALLAS 34/36 2.200 PTAS
TALLAS 37/46 2.500 PTAS

ART. 456
TALLAS 34/36 3.100 PTAS
TALLAS 37/46 3.500 PTAS

SIN DESCUENTO SOBRE FACTURA. PRECIOS FOB OPORTO. EMPAQUETADO BOLSAS PLASTICO – 20/25 PARES POR CAJA. L/C CONFIRMADA E IRREVOCABLE.

GRACIAS
SALUDOS, BERE

NB: PTAS = pesetas

Asking for information about a product:

NUESTRA REF 1027 87–09–17 13:36

15/9/91

ATN HOMPEL
SU TLX T242DT3/9

1 MANDE MUESTRAS
2 INDIQUE PERIODO DE VIGENCIA DE LOS PRECIOS
3 MANDE ANCHO Y DIAM DE BOBINA, DIAM DEL MACHO Y TAMAÑO DEL MARCO DE LA MAQUINA
4 ¿ES DE ORIGEN SUDAMERICANO?

SALUDOS MARTINEZ
NB: ATN = For the attention of

Request for acknowledgement of payment to be translated and sent to a customer by a telex bureau:

TRADUZCAN EL SIGUIENTE TEXTO AL INGLES Y ENVIENLO A INGLATERRA TLX Nº 12345 ABCD E. GRACIAS.

ATN: RAMON

ACUSAMOS RECIBO DE SU CHEQUE EN PAGO FACTURA NO 64/8

SALUDOS

FERNANDEZ Y LOPEZ MADRID

Informing about progress of negotiations for a loan:

ATN SR SMITH

HABLAMOS CON INVERSORES. DISPUESTOS A NEGOCIAR SI LOS PRESTATARIOS PRESENTAN LA DOCUMENTACION NECESARIA INCLUYENDO LETRA DE CREDITO DE BANCO PRINCIPAL. ESPERO TLX VIERNES PRIMERA HORA. RESPONDERE INMEDIATAMENTE.

SALUDOS JUAN.

3 International telegrams and telemessages

□ 3.1 International telegrams (cables)

The system used in Spain is the same as in England. Should you need to send a telegram phone number 003 for the necessary instructions.
The system provides for telegrams in code.

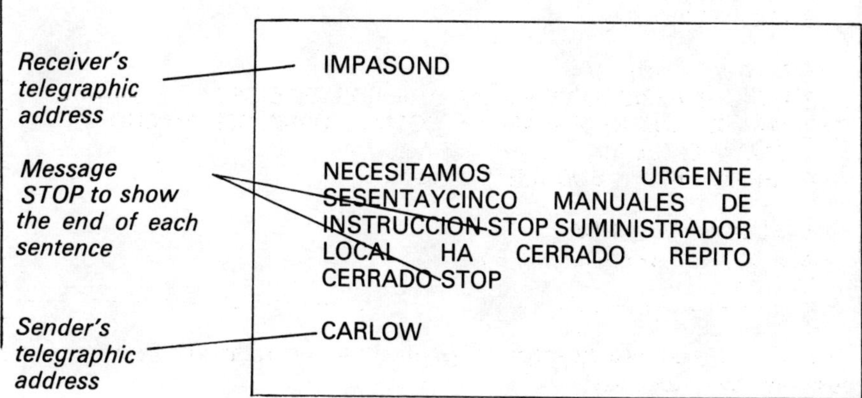

□ 3.2 Telemessages

This service is not yet in operation in Spain.

SECTION C: BUSINESS AND CULTURAL BRIEFING ON SPAIN

1 General information

□ 1.1 Population

Spain is a large country with many differences in climate, geography, economic and social conditions between the different regions. The population of Spain is 38,398,296. The capital, Madrid, has a population of 3,007,813, Barcelona 1,701,812, Valencia 729,419, Sevilla 704,347 and Bilbao 381,506. These figures are based on the official census of population in 1986.
Life expectancy has risen in recent years. The present trend is for families to have fewer children. Meanwhile, the move by young people from rural to industrialized areas and cities has resulted in a situation in which isolated farming communities are liable to have mainly elderly populations.

□ 1.2 Sub-divisions within Spain

The Spanish State is composed of the following seventeen Autonomous Communities (Comunidades Autónomas):

Autonomous Community	**Capital**
País Vasco (Euskadi)	Vitoria
Cataluña	Barcelona
Galicia	Santiago de Compostela
Andalucía	Sevilla
Principado de Asturias	Oviedo
Cantabria	Santander
La Rioja	Logroño
Murcia	Murcia
Comunidad Valenciana	Valencia
Aragón	Zaragoza
Castilla-La Mancha	Toledo
Canarias	Las Palmas
Navarra	Pamplona
Extremadura	Mérida
Islas Baleares	Palma de Mallorca
Comunidad de Madrid	Madrid
Castilla y Léon	Valladolid

□ 1.3 Transport

1.3.1 Trains

RENFE is the Spanish national rail transport network. The service has improved greatly in recent years. The long distance intercity services have both first class and economy class.
The *Talgo* is a luxury, air-conditioned train offering national and international services. The *Talgo* offers first-class service only. The *Talgo* costs approximately 60% more than the standard second-class ticket and tickets should be reserved well in advance.
Other trains:

Electro These are electric, fast, air-conditioned trains.

Expreso Express trains which stop at the main towns. They usually have sleeping cars, as they run mostly at night.

Rápido Fairly fast trains which stop quite often.

Semidirecto Slower than the *Rápido*.

Tranvía Local train stopping at every station.

Tren-correo (Mail train) Very slow as it stops at every station.
Tickets can be bought beforehand at the *Venta anticipada* (advance booking) window or from the *Venta inmediata*, up to five minutes before the train leaves. However, queues are often considerable. *Talgo* tickets can be bought at *RENFE* offices, travel agencies or at the station. Tickets for all other trains are generally bought at the station.

Useful facts:
Días Azules (Blue days) These are non-peak-traffic days when passengers under 26 or over 60 can get up to 25% discount.
Special group rates are available.

Combinado Tren/Hotel (combined train and hotel packages) are available. These are recommended if travellers are aiming to spend two or three days in a city. Generally the hotels are of a high standard and good discounts are available. These special offers can be obtained at *RENFE* offices or at any travel agency.

1.3.2 Coach services

There is a good intercity coach service and the prices are very reasonable. Information about services can be obtained at most travel agents. In addition, *RENFE* operates an auto express coach service. Tickets can be obtained through travel agents or at railway stations. There are also a number of government-approved private companies which provide fast, comfortable services especially to the coast.

1.3.3 Transport in Madrid and Barcelona

Both Madrid and Barcelona have fairly good transport systems. The regional government in each case is responsible for the underground, local rail service and the city bus service.

The *Metro* (underground). There are metro systems in Madrid and Barcelona and these are usually the quickest ways of getting about. It is generally cheaper to buy a block of ten tickets than to buy them individually. Maps of the *Metro* can be obtained free of charge at any station and there are maps on every platform. In Madrid, the *Metro* generally runs from 6.30am to 1.30am and in Barcelona from 6am to 11pm, weekends to 1am.

Buses run about every ten minutes in cities. There is a sign on every bus-stop indicating the times of the first and last buses and the frequency of services. There is an all-night bus service in Madrid and Barcelona called the *Buhos* (N1 and N2). These usually run at regular intervals.
Tickets must be bought on the bus. The exact price is indicated inside the bus beside the driver. As with the *Metro* it is generally cheaper to buy blocks of ten tickets. These can be purchased in the *Metro*.

Taxis Taxis are widely available in the big cities. Taxis for hire have a green light on and the word *libre* displayed on the windscreen. There is an extra charge for luggage and if you take a taxi from an airport or railway station. For longer journeys, the traveller is well advised to negociate the fare in advance. Cabs can be booked by telephone.

1.3.4 Roads in Spain

Passenger and freight traffic is carried mainly by road. The number of private cars has increased rapidly in recent years and the car is the most popular means of transport.
There are three types of roads:

Autopistas (motorways) Designed for long distance traffic and to link major cities. The speed limit is 120 kph. Most motorways are toll roads *(autopistas de peaje)*.

Carreteras nacionales (main roads) These are single carriageway roads. The speed limit is 90 kph.

Carreteras comarcales (local roads) These are narrow country roads.
The speed limit in cities and built-up areas is 60 kph.
Seat belts are not compulsory in towns and cities but are obligatory in all roads outside built-up areas. There are heavy fines for driving without a seat belt. Drunken driving is also severely penalized.
Traffic is controlled by the *Guardia Civil* (Civil Guard) and by radar.
There are emergency telephones every kilometre on toll roads.

R.A.C.E. (equivalent of RAC) Tel 91 754 24 68 (Madrid)

R.A.C.C. (Cataluña) Tel 93 200 33 11 (Barcelona)
Police Tel 091
Ambulance Tel 252 3264

1.3.5 Air travel

Airports: The main airport of Madrid is called *Barajas*. It is situated 12km. from the city centre. Tel (91) 205 86 56.
The main airport of Barcelona is called *El Prat* and it is 10 km. from the city centre. Tel (93) 325 58 29.
Shuttle: There is a regular shuttle service between Madrid and Barcelona. Tickets can be bought at the airport and the flight time is 45 minutes. The shuttles tend to be crowded on Friday evenings and Monday mornings.

Regional airports: The majority of important Spanish cities have airports which cater for domestic flights and tourist charter flights during the summer. Business travellers in Spain often go by plane as the distances between the major cities is so great.

Links with city centres: Taxis and buses connect the airports with the city centres. Barcelona offers a shuttle train service every 20 minutes to and from *Sants* Central Station.

Airlines: *Iberia* is Spain's national and international air transport company. In addition, there are companies like *Aviaco, Spantax, Traseuropa* and *Air Spain* which cater mainly for the domestic market and holiday flights. Information about these can be obtained at the airports or through travel agents.

Airport facilities: At the major airports, banks and bureaux de change facilities are available 24 hours a day. It is also possible to arrange car hire and hotel reservations at most airports.

1.3.6 Ferry terminals

A regular fleet of boats connect the Spanish mainland with the Balearic islands and also Italy, France and Britain. Services operate all the year round. Ferry terminals have banking and hotel reservation services.

□ 1.4 Hours of business

1.4.1 Shops, bars and restaurants

Most shops are open from 9.30am to 1.30pm and 4 or 5 to 8pm. Generally, department stores are open from 9am to 1pm or 1.30pm and again from 4pm to 8pm Monday to Saturday inclusive. Many food shops are also open for a few hours on Sunday mornings.
As a rule, bars are open all day, whilst restaurants are usually open from 1pm to 4pm and again from 8.30pm to midnight or later. For more information on Madrid and Barcelona, one should consult the *Guía del Ocio* which can be bought at any *quiosco* (kiosk).

1.4.2 Banks and savings banks

Banks are open Monday to Friday from 9am to 2pm and Saturday from 9am to 1pm. Savings banks are open Monday to Friday from 8am or 8.20am to 1pm. Outside these hours, one can change money at bureaux de change operated by large travel agencies or major hotels. Travellers cheques and credit cards are normally accepted in hotels, restaurants and large stores.

1.4.3 Post offices

The normal hours of business are 08.00–13.00 Monday–Friday. Post offices are closed on Saturday. The only exceptions are the central post offices in Madrid, Plaza de Cibeles Tel (91) 221 81 95 and in Barcelona, Plaza de Antonio Lopez, Tel (93) 318 38 95 which are open on Saturday morning. Stamps can also be bought at an *estanco* (local post office and tobacconist).

1.4.4 Office hours

Office hours vary quite a lot in Spain. Some offices open at 8am and others at 9am. Most Spaniards work an eight-hour day. Some offices now use flexitime with about half an hour's leeway in the morning and evening. Most offices are closed on Saturday. Both primary and secondary schools start between 8 and 9am and finish at 5pm or 5.30pm.

1.4.5 Domestic life

Meal times in Spain tend to be later than in Britain especially in the South. The main meal of the day is lunch which is normally eaten at about 14.00–15.00. The time of the evening meal depends very much on where you are in Spain but it is unlikely to be before 21.00 or 22.00.

Leisure: Spanish leisure activities are centred out of doors. Social meeting often take place in bars or restaurants. Television is very popular. Tennis has recently become a popular sport for both men and women but football has been a craze for many years. In recent years, Spaniards have become increasingly health-conscious and a number of gyms have sprung up in many areas.

The holiday period is four weeks a year, not necessarily in the summer. People generally go to the beaches or up to the mountains. It is quite common for people from the villages who work in the cities to go 'home' for the holidays. Holidays abroad are also becoming increasingly popular.

1.4.6 Official public holidays

January 1 and 6
March 19 St Joseph's Day.
March/April – Jueves Santo (Holy Thursday)
Viernes Santo (Good Friday)
Pascua (Easter)
May 1 Labour Day
June 18 – Corpus Christi

July 25 – St James Day
August 15 – Assumption of the Virgin Mary (Asunción)
October 12 Columbus Day and the Virgin of the Pillar (Virgen del Pilar)
December 25 – Día de Navidad (Christmas)
Autonomous Communities can substitute their local feasts from three of the following holidays: 6 January, 19 March, Holy Thursday (Jueves Santo), Corpus Christi and 25 July.

Local holidays

San Isidro	Madrid	15 May
San Juan	Barcelona	24 June
La Virgen Blanca	Vitoria	5 August
Euskal Jaiak	Donosti	1st week of September
La Diada	Cataluña National Day	11 September
La Merced	Barcelona	24 September

26 December is a holiday in Cataluña only.

□ 1.5 Value Added Tax (*I.V.A.)*

Impuesto sobre valor añadido / I. V.A. (VAT) is charged on all goods sold in Spain and prices quoted are I.V.A. inclusive. In Spain, this is 12%. If you are a European Community traveller, you can claim your I.V.A. refund. You should present your tax free shopping voucher to a customs officer at your point of departure from Spain. I.V.A. is a recent introduction in Spain.

□ 1.6 Weights and measures

See section C 1.6 in the first part of the book.

Temperature:

32	40	50	60	70	75	85	95	105	140	176	212 F	Fahrenheit
0	5	10	15	20	25	30	35	40	60	80	100 C	Centrigrade/Celsius

Speed:

20	30	40	50	60	70	80	90	100 mph	miles per hour
32	48	64	80	96	112	128	144	160 km/h	kilometres per hour

1.6.1 Clothing sizes

Ladies

Dresses, coats, suits and skirts:

American		8	10	12	14	16
British	8	10	12	14	16	18
Continental		38	40	42	44	46

Shoes:

American	6	6½	7	7½	8	8½
British	4½	5	5½	6	6½	7
Continental	37	38	39	39½	40	41

Men

Suits, coats and sweaters:

American/British	34	36	38	40	42	44	46
Continental	44	46	48	50	52	54	56

Shirts:

American/British	14½	15	15½	15¾	16	16½	17
Continental	37	38	39	40	41	42	43

Shoes:

USA	8	8½	9½	10½	11½	12
American/British	7	7½	8½	9½	10½	11
Continental	41	42	43	44	45	46

□ 1.7 Health services

In Spain, all tax payers, employers and employees contribute to the cost of the *Seguridad Social* (National Health Service) which provides a comprehensive range of publicly-provided services. Most services are provided free of charge. Travellers to Spain should consult their travel agent for information about the health agreement between Spain and Britain prior to departure.

Many medicines can be bought in Spain without a prescription *(receta médica)*. If you do need a prescription, you must take it to a chemist *(farmacia)*. The sign for a *farmacia* is a red illuminated cross. If a chemist is closed, you will usually find a list of *farmacias de turno* (24-hour service chemists) posted on the door. There is always a 'Farmacia de turno' open somewhere in a town, addresses and opening hours are listed on the doors of all chemists. They take over from each other at given times, so none need to be available 24 consecutive hours, yet service can always be obtained.

If you need emergency treatment in Madrid or Barcelona, you can dial the police 091 or an ambulance 252 32 64. (you don't have to pay for the call).

2 Etiquette

□ 2.1 Varieties of spoken Spanish

Formality: You use more formal language when speaking or writing to someone you do not know very well or to an older person. In Spanish, the difference between formal and informal language is not so much in vocabulary but in the use of *Usted* abbreviated to *Vd.* or *tú* both meaning 'you' singular) and *Ustedes* abbreviated to *Vds.* or *vosotros* (you – plural). *Vd./Vds.* is the formal form of address and *tú vosotros* is the familiar form.

Compare the following:

1. *Si Vd. está libre, podríamos salir a cenar.*

   If you are free, we could go out and eat (formal).

and

2. *Si tú estás libre, podríamos salir a cenar.*
   If you are free, we could go out and eat (informal).
   The translation is the same in English. However, in Spanish, the first sentence is formal and polite and the third person of the principal verb is used. In contrast, the second sentence is familiar and the second person of the principal verb is used.

□ 2.2 Politeness

Generally people use *Vd.* to strangers and older people. They use *tú* when talking to colleagues, friends and family.

Useful phrases:
¿Puede repetir eso? (Could you repeat that?)
¿Le importaría repetir eso? (I wonder if you would mind repeating that.)
Lo siento. (I'm sorry.)
¡Perdóneme! (Pardon me!)
Discúlpeme. (Excuse me.)
Gracias. (Thank you.)

If you haven't understood what someone says, you can say:
¿Cómo? (Pardon?)

2.2.1 Addressing a person

See also Section A 1.2.5 'Salutations' which includes a note on Spanish double surnames.
Address your Spanish contact as *Sr.*, *Sra.*, *Srta.* and their surname unless you know them well in which case you would normally use their first name. A secretary may give her first name on the telephone prefaced by *Señorita* eg *Señorita Teresa*. Remember that *Teresa* is her first name and not her surname. When telephoning, ask for *Señorita Teresa*.
Spanish women retain their maiden names after marriage and add their husband's surnames prefaced by *de* eg Sra. Pilar González de Ríos.

□ 2.3 Hospitality

If you are invited to a private home it is customary to take flowers for your hostess.
Dress: after 19.00, people tend to dress more formally than in Britain, even at the height of summer.

□ 2.4 Alcoholic drinks

Spaniards rarely go into a bar just to drink. Most Spanish bars also serve a wide range of snacks *(tapas)* and coffee as well as alcoholic drinks. It is not common to buy a round; the total is either split among the group or each person pays. The Spanish toast is *salud*. There are no time restrictions on the sale of drinks and indeed it is quite common in winter to start the day with a *carajillo* (coffee and brandy together).

□ 2.5 Queuing

Queuing is becoming more common in Spain. For example at counters of big stores and supermarkets, it is customary to take a ticket and wait until your number is called.

□ 2.6 Meeting and greeting

The main form of greeting when meeting or taking leave of people is shaking hands. Among friends, it is common for a man to kiss a woman on both cheeks and women also exchange kisses. In general, people are helpful and friendly and it is easy to start a conversation. If you wish to attract a person's attention, you can say, *Perdóneme señorita/señor*.

□ 2.7 Tipping

The service charge is usually included, but people still tend to leave something in a restaurant. If the service is not included, the tip is normally between 10 and 15%. People also give a small tip to the usherette in cinemas.

□ 2.8 Weather

There are great climatic differences between the regions of Spain. The north of Spain has a climate similar to the British Isles. The centre of Spain has very hot, short summers and long, cold winters. The Mediterranean coast has mild winters and hot summers. The winter temperatures along the Mediterranean coast can be around 15°C and the summer temperatures between 25°C and 35°C.

3 International postal services

See also Section C 1.4.3 (Post offices).
A full description of all the services provided can be found in the *Guía para los usarios de los servicios de Correos y Telégrafos* (the equivalent of the Post Office Guide) which is available from main post offices.

The main postal services offered are:
Aviso de Recibo (Advice of Delivery) The sender is informed when a registered letter or any parcel arrives. The advice note is valid for five days.

Contra Reembolso (Cash on Delivery) The addressee pays for the goods on delivery.

No Franquear (Reply Paid) Cards or letters sent to customers allowing them to reply without paying the postage.

Expreso (Express Mail) The sender pays extra postage and mails the letter.

Urgente should be written on the envelope. This will be sorted more quickly but it will be delivered in the normal way.

Insurance (Seguro) is available for letters and parcels. Parcel post is expensive in Spain.

Telefax High speed facsimile service.

Sending Money Abroad People wishing to make money transfers should seek information at a bank or post office. There are money restrictions in Spain and one must give proof of the reason for the transfer.

Apartado de Correos Letters can be sent to a box number at a post office.

4 Telecommunications

□ 4.1 Services of the Spanish post and telecommunications system

International telegrams can be sent anywhere in the world through the operator. *International Telex* gives an automatic connection with another subscriber in the network either in Spain or internationally.

Burofax A telex service for customers who do not have their own machines. This is a national service organized through the post office. Messages can be dictated over the phone or sent by post. The *Burofax* network is connected with the national telephone company of Spain. *Burofax* operates internationally with some countries. It is hoped to extend the service to all countries in the near future.
As the telecommunications network is in rapid expansion it is best to consult either the Spanish Embassy or the Chamber of Commerce.

□ 4.2 Telephones

Public telephones are widely available and it is possible to make local, national and international calls from most of them. You can use *5 ptas (pesetas)*, *25 ptas* and *100 ptas* in telephones. There are telephones in most bars.

Emergency Calls Dial 091 and ask for Police (Madrid/Barcelona).
Dial 227 20 21 for Ambulance (Madrid/Barcelona).

Directory Enquiries (Información) Provincial 003
National 009

Directory Enquiries can give you the number of a person you don't know if you have the name of the person or company and the town.

Other information For information about the time, weather, traffic, telegrams, taxis see page 10, 11 in the telephone directory – *Sección Alfabética*.

The Tones The dial tone means you can begin dialling. It is a continuous u---------.
The ringing tone is a long u – u – u.
The engaged tone is one quick series of uuuuuuuuuu.
You may get number unobtainable but you can't tell if the phone is out of order as usually the tone is the same as the engaged tone.

□ 4.3 International calls

For International Directory Enquiries dial 005.
To dial direct to the following countries:

To:	France	Germany	Italy	UK	USA
From Spain	0733	0737	0739	0744	071

Spain is usually one hour ahead of the UK during summer.

□ 4.4 Tips on using the phone

Long distance evening calls cost less.
Spanish people usually answer the phone by saying *Dígame* (Tell me) or even *¿Sí?*. If it is a company the telephonist will usually name the company, then the form would be: *Electrónica, dígame*.
Phone calls made from a hotel room usually cost more.

5 Sources of information

□ 5.1 Business reference

BOE (Boletín Oficial del Estado) published every day by the Government. All their decisions must be published in the official bulletin before they can enter into effect.
Páginas Amarillas (Yellow pages): names, addresses and telephone numbers of local firms classified under business.

Guía para los usuarios de los servicios de Correos y Telégrafos	Postal Services and Telecommunication services.
Dun and Bradstreet S.L.	National and international commercial information. Collector of Bond debts. (91) 571 08 00 Madrid.(93) 205 00 15 Barcelona.
Spain to 1990 Published by Euromoney Publications Ltd Nestor House, Playhouse Yard, London EC4.	A special Euromoney report. Gives quite detailed information on Spain in all its business aspects.

Instituto Nacional de Industria (I.N.I.)
Plaza Marqués de Salamanca,
Madrid.

☐ 5.2 Addresses of organizations offering services and information

Apart from the yellow pages and telephone directories a foreigner is best advised to contact either the British Embassy/Consulate or the British/Spanish Chamber of Commerce. Information can often be contradictory and a lot of time is wasted. Banks often undertake specialized Economic studies but these are of a sporadic nature.
Chamber of Industry (Madrid): Huertas 13; Tel: 232 1015
Chamber of Industry and Commerce (Barcelona): Ample 11; Tel: 302 3366.

International Chamber of Commerce
ICC United Kingdom
Centre Point
103 New Oxford Street
London WC1A 1QB.
Tel (01) 430 1985

Consorcio de la Zona Franca de Barcelona
Departmento de Promoción Industrial
Calle 60, Nº 421 del Sector A
Polígono Industrial Zona Franca
08004 Barcelona
Tel (93) 335 91 57

(The *Consorcio* is an industrial development agency the role of which is to attract industry to Barcelona.)

☐ 5.3 Language courses in Spain

Spanish language courses for foreigners:

Escuela Oficial de Idiomas	in various cities
Universidad Complutense	Madrid
Universidad Menéndez Pelayo	Santander
Universidad de Salamanca	Salamanca
Universidad de Granada	Granada
Al Andalus	Málaga
Casa Internacional	Córdoba
Centro Internacional de lengua y cultura españolas	Valencia
Instituto de lengua y cultura españolas	Pamplona

Most of these language schools and many others offer courses for natives and foreigners. There are intensive courses during the summer. You could also consult:

The British Council
Calle Amigó
Barcelona
Tel (93) 209 63 88

The British Embassy – Madrid Tel (91) 419 02 00
The British Consulate – Barcelona Tel (93) 322 21 51

The British Council
Almagro 5
Madrid 4
Tel (91) 419 12 50

International House
Avda. Diagonal 612
Barcelona 08034

International House
Calle Zurbano 8
Madrid 4

ESADE Idiomas
Ctra. de Esplugas 108
Barcelona

York House
Calle Muntaner 479
08021 Barcelona

☐ 5.4 Reference guides for visitors to Spain

American Express Hotel Guide for Spain

American Express Restaurant Guide for Spain

Michelin – España

American Express Guide – España by Herbert B Livesey.

España An A – Z by Baedeker (A complete illustrated guide.)

A Rough Guide to Spain by Mark Ellingham, John Fisher and Graham Kenyon.

Collins Spanish Dictionary Spanish–English/English–Spanish

ABBREVIATIONS

a.c.	año en curso	current year	
a/c	a cargo de	care of	c/o
acr.	acreedor	creditor	Cr.
adj.	adjunto	enclosure, enclosed	encl.
admon.	administración	administration	admin.
A.E.C.E.	Asociación Española de Cooperación Europea	Spanish European Cooperation Association	
a/f	a favor	in favour of	
apdo.	apartado	post office box	POB
atta., atto. atte.	atenta/o, atentamente	letter closing formula	
Av., Avda.	avenida	avenue	Av., Ave
a/v	a la vista	at sight	
B°	banco	bank	
C., Cía.	compañía	company	Co.
C/	calle	road, street	Rd, St
c^3, cm^3	centímetro cúbico	cubic centimetre	cc
c/, cta	cuenta	account	a/c
C.A.	corriente alterna	alternating current	AC
C.A.E.	cóbrese al entregar	cash on delivery	COD
cap.	capítulo	chapter	ch.
c/c	cuenta corriente	current account	C/A
C.D.	corriente directa	direct current	DC
C.E.E.	Comunidad Económica Europea	European Economic Community	EEC
C.F, C.V.	Caballo de fuerza/vapor	horsepower	HP
C.I.D.	Centro Internacional para el Desarrollo	International Development Centre	IDC
cm^2	centímetro cuadrado	square centimetre	sq. cm.
C.P.	contestación pagada	reply paid	RP
C.S.F.	coste/seguro/flete	cost/insurance/freight	cif
cte.	corriente, del corriente	current (account, month)	inst.
c/u	cada uno	each	ea.
dcha.,der.	derecha/o	right hand, right	
dho.,dha.	dicho/a	aforesaid	
do.	descuento	discount	
doc.	docena	dozen	doz.
dup.	duplicado	duplicated	
e/	envío	consignment	
EE.UU.	Estados Unidos	United States	USA, US
ej.	ejemplo	example	ex., eg
f, fra.	factura	bill, account	

F.A.B.	franco a bordo	free on board	FOB
F.C., f.c.	ferrocarril	railway	Rly.
F.M.I.	Fondo Monetario Internacional	International Monetary Fund	IMF
g/	giro	draft, money order	
g.p.	giro postal	postal order	
gr.	gramo	gram, gramme	g., gm.
Gral.	General	general	Gen.
H.	haber	credit	Cr.
h., Ha.,	hectárea	hectare	ha.
h.	hacia	circa	C.
	hora	hour	H., hr.
Hg.	hectógramo	hectogramme	hg
Hm.	hectómetro	hectometre	hm
Hnos.	hermanos	brothers	Bros.
íd.	ídem	ditto	do.
I.N.E.	Instituto Nacional de Estadística	National Statistics Institute	
I.N.I.	Instituto Nacional de Industria	National Institute of Industry	
I.V.A.	impuesto sobre valor añadido	Value Added Tax	VAT
izq., izq°	izquierda/o	left hand, left	
km/h	kilómetros por hora	kilometres per hour	
kv.	kilovatio	kilowatt	kw
kv/h	kilovatios/hora	kilowatt/hours	kw/h
L/	letra	letter (of credit)	
Lic.	licenciado	bachelor (degree)	BA, BSc.
m	metro	metre	m,
	minuto	minute	min.
m2	metro cuadrado	square metre	sq. m.
M.C.	Mercado Común	Common Market	
m/c	mi cuenta	my account	
M.F.	modulación de frecuencia	frequency modulation	FM
M°	ministerio	ministry	
m/n	moneda nacional	national currency	
m/o	mi orden	my order	
n.	nacido	born	b.
n/	nuestro	our	
n/cta.	nuestra cuenta	our account	
N. de la R.	nota de la redacción	editor's note	
n/f	nuestro favor	our favour	
n/g	nuestro giro	our money order	
n/L	nuestra letra	our letter (of credit)	
n°, num.	número	number	No

n/o	nuestra orden	our order	
N.U.	Naciones Unidas	United Nations	UN
o/	orden	order	
O.A.C.I.	Organización de Aviación Civil International	International Civil Aviation Organization	ICAO
O.C.E.D.	Organización de cooperación económica y desarrollo	Organization for economic cooperation & development	OECD
O.E.A.	Organización de Estados Americanos	Organization of American States	OAS
O.E.C.E.	Organización Europea de Cooperación Económica	Organization for European Economic Cooperation	OEEC
O.M.S.	Organización Mundial de la Salud	World Health Organization	WHO
O.N.U.	Organización de las Naciones Unidas	United Nations Organization	UNO
O.T.A.N.	Organización del Tratado del Atlántico Norte	North Atlantic Treaty Organization	NATO
O.V.N.I.	objeto volante no identificado	unidentified flying object	UFO
p/a, p/o	por autorización, por orden	by proxy	pp
p°b°	peso bruto	gross weight	
p°n°	peso neto	net weight	nt wt
P.N.B.	producto nacional bruto	Gross National Product	GNP
P.P.	porte pagado	carriage paid	CP
pta.,ptas.	peseta/s	peseta/s	
P.V.P.	precio de venta al público	price to the public	
R.A.C.E.	Real Automóvil Club de España	Royal Spanish Automobile Club	
RENFE	Red Nacional de Ferrocarriles Españoles	Spanish railways	
s/	su, sus	your	
S.A.	sociedad anónima	limited, incorporated	Ltd., Inc.
s/c	su cuenta	your account	
s.e.u.o.	salvo error u omisión	errors and omissions excepted	E&OE
s.f.	sin fecha	no date	
s/f	su favor	your favour	
sgte	siguiente	following	f, ff, foll
s/o	su orden	your order	
Sr.	señor	Mister	Mr

Sra.	señora		Mrs
S.R.C.	se ruega contestación	please reply	RSVP
Sres.	señores	gentlemen	Messrs
Srta.	señorita	Miss	
T/año	toneladas por año	tons per year	
tel., telef.	teléfono	telephone	tel
Tm.	tonelada métrica	metric ton	
T.R.B.	toneladas de registro bruto	gross register tons	GRT
T.V.E.	Televisión Española	Spanish Television	
Ud/s Vd/s	usted/ustedes	you (sing & pl.)	
U.R.S.S.	Unión de Repúblicas Socialistas Soviéticas	Union of Soviet Socialist Republics	USSR
Vda. de	viuda de	widow of	
V°B°	visto bueno	approved, passed	OK